Costruire abitudini migliori: Una guida al successo

l'importanza delle abitudini per raggiungere il successo

B. Charles Henry

Traduzione di Google Translate

Sommario

I. Introduzione

Costruire abitudini migliori è la chiave del successo! Si tratta di apportare modifiche piccole e coerenti che si sommano nel tempo. Inizia identificando le abitudini che si desidera migliorare e fissare obiettivi chiari e realizzabili, quindi fai un piano per incorporare queste abitudini nella tua routine quotidiana. È importante rimanere impegnati e rimanere motivati, quindi trova il modo di renderti responsabile e celebrare i tuoi progressi. Circondati di influenze positive e cerca supporto da amici e familiari. Ricorda, sviluppare abitudini migliori richiede tempo e pazienza, quindi sii gentile con te stesso lungo la strada. Con determinazione e perseveranza, puoi raggiungere i tuoi obiettivi e creare uno stile di vita più felice e più sano!

A. Definizione di abitudini

Le abitudini sono comportamenti o azioni di routine che vengono regolarmente ripetuti e spesso eseguiti automaticamente. Sono acquisiti attraverso frequenti ripetizioni e possono diventare radicati nella vita quotidiana di un individuo. Le abitudini possono essere sia positive che negative, influenzando vari aspetti della vita di una persona, come la salute, la produttività e il benessere.

Le abitudini positive, note anche come buone abitudini, contribuiscono alla crescita e al successo personali, mentre le abitudini negative o le cattive abitudini, possono ostacolare il progresso e portare a risultati indesiderati. Le abitudini si formano attraverso un processo di stecca, routine e ricompensa, in cui un segnale innesca un comportamento, il comportamento diventa una routine e la routine è rafforzata da una ricompensa, creando un ciclo che rafforza l'abitudine nel tempo.

Comprendere e gestire le abitudini può essere essenziale per lo sviluppo personale, poiché gli individui possono coltivare consapevolmente abitudini positive o lavorare per liberarsi da quelle dannose.

B. Importanza delle abitudini nel raggiungimento del successo

Le abitudini svolgono un ruolo cruciale nel raggiungere il successo per diversi motivi:

Coerenza e routine: il successo spesso richiede uno sforzo coerente nel tempo. Le abitudini positive creano una routine che aiuta le persone a rimanere sulla buona strada e a mantenere la loro attenzione su obiettivi a lungo termine.

Produttività ed efficienza: le buone abitudini possono migliorare la produttività e l'efficienza semplificando i processi. Quando alcune azioni diventano abituali, richiedono meno energia mentale, consentendo agli individui di allocare le loro risorse cognitive in modo più efficace.

Disciplina e autocontrollo: lo sviluppo di abitudini positive richiede disciplina e autocontrollo, che sono tratti vitali per il successo. Le abitudini aiutano le persone a resistere alle tentazioni, a fare scelte migliori e perseverare di fronte alle sfide.

Allineamento degli obiettivi: le abitudini che si allineano con i propri obiettivi contribuiscono al successo. Coltivando abitudini che supportano obiettivi specifici, gli individui creano un percorso per raggiungere le loro aspirazioni.

Sviluppo personale: le abitudini positive contribuiscono allo sviluppo personale e alla crescita. Che si tratti di apprendere nuove abilità, adottare uno stile di vita sano o migliorare le relazioni interpersonali, le abitudini modellano chi diventa nel tempo.

Gestione del tempo: abitudini efficienti possono aiutare le persone a gestire il proprio tempo in modo efficace. Dare la priorità alle attività e alla creazione di routine, le persone possono sfruttare al massimo il loro tempo, portando ad una maggiore produttività e risultati.

Mentalità e atteggiamento: le abitudini influenzano la mentalità e l'atteggiamento. La coltivazione di abitudini positive può contribuire a una mentalità più ottimista e orientata alla crescita, promuovendo la resilienza e la capacità di superare gli ostacoli.

Costruire slancio: il successo spesso si basa su piccole vittorie. Le abitudini positive creano uno slancio che spinge le persone in avanti, rendendo più facile affrontare sfide più grandi man mano che si presentano.

Salute e benessere: le abitudini relative al benessere fisico e mentale sono cruciali per il successo prolungato. Prendersi cura della propria salute attraverso l'esercizio fisico regolare, la corretta alimentazione e il riposo sufficiente contribuisce al benessere generale e migliora il funzionamento cognitivo.

Autoriflessione e miglioramento: stabilire un'abitudine di autoriflessione consente alle persone di valutare i loro progressi, identificare le aree per il miglioramento e apportare le necessarie aggiustamenti alle loro strategie. Il miglioramento continuo è un aspetto chiave del raggiungimento del successo.

In sintesi, le abitudini forniscono le basi per il successo promuovendo coerenza, disciplina ed efficienza. Lo sviluppo di abitudini positive contribuisce allo sviluppo personale, al raggiungimento degli obiettivi e al benessere generale, creando un quadro per il successo a lungo termine.

C. Panoramica dell'approccio del libro alla costruzione di abitudini migliori

Costruire abitudini migliori: una guida al successo esaminerà la comprensione delle abitudini, la scienza della formazione di abitudini, la definizione di obiettivi chiari, la creazione di un ambiente che forma abitudine, il potere della coerenza, la costruzione di abitudini positive, la rottura delle abitudini negative, sfruttare la responsabilità e il supporto, la mentalità Shift per l'abitudine al successo e superando le sfide comuni.

Comprensione delle abitudini: il libro esplora i concetti fondamentali delle abitudini, approfondendo il modo in cui si formano le abitudini, le loro basi psicologiche e l'impatto che hanno sulla nostra vita quotidiana.

La scienza della formazione di abitudini: questa sezione si tuffa nei principi scientifici alla base della formazione dell'abitudine, incorporando approfondimenti dalla psicologia comportamentale e dalla neuroscienza per fornire una comprensione più profonda dei meccanismi in gioco.

Stabilire obiettivi chiari: viene discussa l'importanza di stabilire obiettivi chiari e specifici, collegando la definizione degli obiettivi con lo stabilimento e il rafforzamento delle abitudini positive.

Creazione di un ambiente che forma abitudine: questo aspetto si concentra sul modellare l'ambiente circostante per sostenere lo sviluppo delle abitudini desiderate, sottolineando l'impatto dell'ambiente sul comportamento.

Il potere della coerenza: la coerenza è un tema chiave nella costruzione di abitudini. Il libro esplora come le azioni regolari e ripetute contribuiscono allo stabilimento e al mantenimento delle abitudini.

Costruire abitudini positive: strategie per coltivare abitudini positive, forse con particolare attenzione a piccoli cambiamenti gestibili e all'impatto cumulativo di queste abitudini nel tempo.

Rompere le abitudini negative: affrontando la sfida di superare le abitudini dannose, il libro offre consigli pratici sulla rottura dei modelli negativi e la sostituzione con comportamenti positivi.

Sfruttare la responsabilità e il supporto: viene discussa l'importanza della responsabilità sociale e dei sistemi di supporto nel sostenere le abitudini positive, fornendo ai lettori strategie per rimanere in pista.

Mindset Shift per il successo dell'abitudine: esplorare il ruolo della mentalità nella formazione dell'abitudine, incluso il modo in cui coltivare una mentalità positiva e orientata alla crescita può contribuire al successo a lungo termine.

Superare le sfide comuni: riconoscere e affrontare gli ostacoli e le sfide comuni che gli individui affrontano quando cercano di stabilire e mantenere le abitudini.

Nel complesso, il libro mira a fornire una guida olistica ai lettori, che copre vari aspetti della formazione di abitudini, dello sviluppo personale e del successo, con un approccio pratico e attuabile.

Ii. Comprensione delle abitudini

Comprendere le abitudini è un aspetto così eccitante e cruciale della nostra vita quotidiana! Le abitudini sono essenzialmente il modo in cui il nostro cervello è efficiente e conserva l'energia. Si formano attraverso comportamenti ripetuti e alla fine diventano automatici. Comprendendo la scienza dietro le abitudini, possiamo prendere il controllo delle nostre vite e apportare cambiamenti positivi. Che si tratti di rompere una cattiva abitudine o di crearne una nuova e più sana, sapere come le abitudini possono consentirci di trasformare le nostre vite in meglio. Con questa conoscenza, possiamo ricollegare il nostro cervello e prepararci al successo in tutte le aree della nostra vita. Sfruttiamo il potere delle abitudini e viviamo le nostre migliori vite!

A. Spiegazione del ciclo di abitudini

L'abitudine è un concetto reso popolare da Charles Duhigg nel suo libro "The Power of Habit". Descrive un processo in tre fasi che costituisce il fondamento di come vengono create e mantenute le abitudini.

I tre componenti del ciclo di abitudini sono:

Cue (o grilletto): questa è la prima fase del ciclo di abitudini. Il segnale è un segnale o un grilletto che inizia l'abitudine. Potrebbe essere un evento esterno, una sensazione interna, un momento specifico del giorno o qualsiasi altro stimolo che spinge il cervello ad iniziare un comportamento particolare. I segnali possono essere classificati in diversi tipi, come trigger basati sul tempo, basati sulla posizione, emotivi o situazionali.

Routine (o comportamento): la routine è il comportamento effettivo o l'azione attivata dal segnale. Rappresenta l'abitudine stessa. Questa è la parte del ciclo in cui l'individuo esegue un'azione o un comportamento specifico in risposta all'indicazione. Questo comportamento può essere qualsiasi cosa, da una semplice azione a un insieme più complesso di azioni.

Ricompensa: la ricompensa è il rinforzo positivo che segue la routine. È il risultato o la sensazione che soddisfa la brama creata dal segnale e rafforza il ciclo di abitudini. I premi possono essere intrinseci (come un senso di realizzazione o piacere) o estrinseci (come una ricompensa tangibile). La ricompensa è essenziale per il rafforzamento del ciclo di abitudini, poiché segnala al cervello che il comportamento vale e dovrebbe essere ripetuto in futuro.

Comprendere l'abitudine fornisce approfondimenti su come si formano le abitudini e su come possono essere cambiate. Se qualcuno vuole stabilire una nuova abitudine o spezzarne una esistente, può lavorare con il ciclo di abitudine identificando e manipolando i segnali, le routine e i premi associati al comportamento. Modificando uno o più elementi del ciclo di abitudine, gli individui possono intenzionalmente modellare e modificare le loro abitudini nel tempo.

1. Cue

Nel contesto del ciclo di abitudini, un segnale si riferisce alla prima fase del processo, fungendo da innesco o segnale che avvia un comportamento o una routine particolare. I segnali possono assumere varie forme e sono i suggerimenti che spingono le persone a impegnarsi in un'abitudine specifica. I segnali possono essere classificati in diversi tipi:

Segnali basati sul tempo: questi sono trigger associati a un orario specifico del giorno. Ad esempio, svegliarsi la mattina, fare una pausa nel pomeriggio o andare a letto di notte può servire come segnali di tempo.

Segnali basati sulla posizione: determinati ambienti o posizioni possono fungere da segnali. Ad esempio, entrare in cucina può innescare un'abitudine legata al consumo o alla cucina.

Segnali emotivi: stati emotivi, come lo stress, la felicità, la noia o la frustrazione, possono agire come segnali. Le persone spesso sviluppano abitudini come un modo per far fronte o migliorare i loro stati emotivi.

Segnali situazionali: situazioni o eventi specifici possono innescare abitudini. Ad esempio, ricevere un'e -mail di lavoro potrebbe essere un segnale per controllare i social media.

Identificare e comprendere i segnali associati a un'abitudine è cruciale per la modifica o la creazione di abitudini intenzionalmente. Riconoscendo i segnali che innescano un comportamento particolare, gli individui possono intervenire nel ciclo di abitudini e apportare modifiche deliberate per rafforzare le abitudini positive o sostituire quelle negative con comportamenti più costruttivi. Questo processo è fondamentale per il concetto di formazione di abitudine e cambiamento di comportamento.

2. routine

Nell'anello di abitudine, la routine è il secondo stadio e si riferisce al comportamento o all'azione effettivo che si verifica in risposta all'indicazione. È l'attività abituale che un individuo esegue automaticamente o semi-automaticamente dopo essere stato attivato da un segnale specifico. La routine è il comportamento che definisce l'abitudine stessa.

Ad esempio, se il segnale si sente stressato (segnale emotivo), la routine potrebbe essere quella di raggiungere uno spuntino o impegnarsi in una qualche forma di attività di allevamento di stress come la respirazione profonda o una breve passeggiata. Se l'indicazione arriva a casa dopo il lavoro (indicazione basata sulla posizione), la routine potrebbe comportare il cambio di vestiti comodi e l'accensione della televisione.

La routine è la risposta abituale all'indicazione, ed è ciò che caratterizza il ciclo di abitudini. Questo comportamento si radica nel tempo attraverso la ripetizione e più coerentemente la routine viene eseguita in risposta all'indicazione, più forte diventa l'abitudine.

Quando gli individui cercano di cambiare o stabilire abitudini, spesso si concentrano sulla modifica della loro routine. Ciò può comportare la sostituzione di una routine negativa con una positiva, apportare piccole regolazioni alla routine esistente o introdurre del tutto un nuovo comportamento. Fornisce coscientemente la routine, gli individui possono influenzare il ciclo generale dell'abitudine e lavorare per raggiungere i risultati comportamentali desiderati.

3. Ricompensa

Nell'anello di abitudine, la ricompensa è la terza e ultima fase, che rappresenta il rinforzo o il beneficio positivo che segue il completamento della routine. La ricompensa è una componente critica perché rafforza il ciclo dell'abitudine, segnalando al cervello che il comportamento associato alla routine vale la pena e dovrebbe essere ripetuto in futuro.

La ricompensa fornisce un senso di soddisfazione, piacere o realizzazione, creando un'associazione positiva con l'abitudine. Soddisfa una brama che è attivata dal segnale e soddisfatta dalla routine. Il cervello quindi collega l'indicazione, la routine e la ricompensa insieme, rafforzando i percorsi neurali associati all'abitudine.

Ad esempio, se il segnale si sente affaticato (segnale emotivo), la routine potrebbe essere quella di consumare una bevanda caffeinata e la ricompensa è la maggiore vigilanza ed energia che segue. Se l'indicazione sta entrando in palestra (segnale basato sulla posizione), la routine potrebbe comportare l'esercizio e la ricompensa potrebbe essere il senso di realizzazione, un miglioramento dell'umore o il benessere fisico.

Comprendere il ruolo dei premi è cruciale per la modifica o la creazione di abitudini intenzionalmente. Quando cercano di cambiare un'abitudine, gli individui possono sperimentare routine alternative che forniscono ricompense simili o addirittura migliorate. Associando un risultato positivo e soddisfacente con un nuovo comportamento, aumentano la probabilità che il ciclo dell'abitudine diventi radicato e portando a un cambiamento di comportamento a lungo termine.

B. Tipi di abitudini (positivo vs. negativo)

Le abitudini possono essere ampiamente classificate in due tipi principali: abitudini positive (conosciute anche come buone abitudini) e abitudini negative (o cattive abitudini). Queste classificazioni si basano sull'impatto che le abitudini hanno sul benessere, la produttività e la qualità generale di un individuo. Ecco una breve panoramica di ogni tipo:

Abitudini positive (buone abitudini):

Esempi: esercizio fisico regolare, alimentazione sana, gratitudine, gestione efficace del tempo, modelli di sonno coerenti, lettura e ambientazione e raggiungimento di obiettivi.

Caratteristiche: le abitudini positive contribuiscono alla crescita personale, al benessere e al successo. Spesso si allineano con gli obiettivi individuali e portano a risultati positivi nella salute fisica, nel benessere mentale, nella produttività e nella soddisfazione generale della vita.

Vantaggi: miglioramento della salute, aumento dei livelli di energia, maggiore attenzione mentale, maggiore produttività, migliori relazioni e un senso di realizzazione.

Abitudini negative (cattive abitudini):

Esempi: procrastinazione, consumo eccessivo di cibi malsani, fumo, consumo eccessivo di alcol, morso di unghie, chiacchiere negative e ritardo costante.

Caratteristiche: le abitudini negative hanno effetti dannosi sulla salute fisica e mentale, ostacolano lo sviluppo personale e possono portare a conseguenze indesiderabili. Spesso forniscono soddisfazione a breve termine ma possono contribuire a risultati negativi a lungo termine.

Conseguenze: salute compromessa, ridotta produttività, relazioni tese, sfide finanziarie, aumento dello stress e un senso di insoddisfazione.

È importante notare che la classificazione di un'abitudine come positiva o negativa può variare in base agli obiettivi individuali e alle norme culturali. Ciò che potrebbe essere considerato un'abitudine positiva per una persona potrebbe non essere necessariamente la stessa per un'altra. Inoltre, le abitudini esistono su uno spettro e alcuni comportamenti possono avere aspetti sia positivi che negativi.

Il cambiamento delle abitudini in genere comporta la sostituzione di abitudini negative con quelle positive. Questo processo può richiedere l'autocoscienza, la definizione degli obiettivi e lo sforzo costante per sviluppare nuove routine e rafforzare i comportamenti positivi nel tempo.

C. Identificazione delle abitudini esistenti

L'identificazione delle abitudini esistenti prevede l'osservazione dei comportamenti e delle routine quotidiane per riconoscere i modelli che si verificano regolarmente. Ecco alcuni passaggi per aiutarti a identificare le tue abitudini esistenti:

Autoriflessione:

Prenditi del tempo per l'autoriflessione. Prendi in considerazione diverse aree della tua vita, come lavoro, relazioni personali, salute e tempo libero.

Rifletti sulle tue tipiche attività quotidiane, routine e comportamenti. Considera le azioni che esegui quasi automaticamente senza molto pensiero consapevole.

Mantieni un giornale di abitudine:

Tieni un diario per una settimana o più e documenta le tue attività e routine quotidiane. Includi i dettagli su ciò che innesca determinati comportamenti, le azioni che intraprendi e tutti i sentimenti o i risultati risultanti. Nota l'ora del giorno, la tua posizione e il tuo stato emotivo quando ti impegnano in attività specifiche.

Identifica i modelli:

Cerca modelli e ripetizioni nel tuo diario. Ci sono alcuni comportamenti che si verificano costantemente in risposta a segnali o trigger specifici? Presta attenzione alle attività ricorrenti di cui potresti non essere a conoscenza come abitudini.

Chiedi feedback:

A volte altri possono offrire approfondimenti sulle tue abitudini che potresti non vedere. Chiedi ad amici, familiari o colleghi se hanno notato qualsiasi schema nel tuo comportamento.

Consapevolezza e consapevolezza:

Pratica la consapevolezza e porta consapevolezza alle tue azioni durante il giorno. Sii presente nel momento e osserva consapevolmente i tuoi comportamenti. Considera come ti senti prima, durante e dopo aver impegnato in determinate attività. Categorie di abitudini comuni:

Esplora categorie di abitudini comuni come abitudini sanitarie (alimentazione, esercizio), abitudini di produttività (gestione del tempo, pianificazione), abitudini sociali (comunicazione, networking) e abitudini emotive (meccanismi di coping, gestione dello stress).

Valutare aspetti positivi e negativi:

Valuta l'impatto delle tue abitudini sulla tua vita. Identifica le abitudini che contribuiscono positivamente al tuo benessere e a quelle che possono avere conseguenze negative.

Usa la tecnologia:

Usa app o strumenti di track di abitudini per registrare e monitorare le tue attività. Questi strumenti possono fornire approfondimenti sulle tue abitudini nel tempo.

Adottando un approccio proattivo e attento, puoi comprendere meglio le tue abitudini esistenti. Questa consapevolezza è un primo passo cruciale se stai cercando di apportare modifiche intenzionali alle tue abitudini, che si tratti di rompere le abitudini negative o di coltivare quelle positive.

Iii. La scienza della formazione di abitudini

La scienza della formazione di abitudini è un campo multidisciplinare che attinge alle intuizioni della psicologia, delle neuroscienze e della scienza comportamentale per capire come le abitudini vengono create, mantenute e cambiate. Ecco gli aspetti chiave della scienza della formazione di abitudini:

Abitudine:

The Habit Loop, reso popolare da Charles Duhigg nel suo libro "The Power of Habit", descrive un processo in tre fasi: cue, routine e ricompensa. È un quadro fondamentale per comprendere come funzionano le abitudini. I segnali innescano abitudini, le routine sono i comportamenti o le azioni e i premi rafforzano il ciclo di abitudini.

Neuroplasticità:

La neuroplasticità si riferisce alla capacità del cervello di riorganizzarsi formando nuove connessioni neurali per tutta la vita. Le abitudini sono associate a percorsi neurali nel cervello e la neuroplasticità consente di rielaborare questi percorsi attraverso la ripetizione e il rinforzo.

Gangli della base:

I gangli della base sono una regione del cervello che svolge un ruolo cruciale nella formazione dell'abitudine. Aiuta a codificare modelli e comportamenti in routine automatiche. Quando le abitudini si radunano, si spostano dal richiedere uno sforzo cosciente (controllato dalla corteccia prefrontale) a risposte automatiche e subconsce controllate dai gangli della base.

Dopamina e premi:

La dopamina, un neurotrasmettitore, svolge un ruolo significativo nella formazione dell'abitudine. È associato al sistema di ricompensa del cervello. Quando un comportamento è seguito da una ricompensa, viene rilasciata la dopamina, rafforzando il ciclo dell'abitudine. Nel tempo, l'anticipazione della ricompensa diventa un potente motivatore.

Modello di religioso cue-response:

Le abitudini sono spesso concettualizzate utilizzando un modello di recatto di risposta. L'indicazione innesca una risposta o un comportamento specifico, portando a una ricompensa. Questo modello aiuta i ricercatori e gli psicologi a comprendere la sequenza di eventi nella formazione dell'abitudine e come intervenire per creare o modificare le abitudini.

Formazione dell'abitudine nel cervello:

Le abitudini comportano cambiamenti nella plasticità sinaptica, nel rilascio di neurotrasmettitore e nei modelli di cottura neuronale nel cervello. Man mano che i comportamenti vengono ripetuti, le connessioni sinaptiche si rafforzano, rendendo l'abitudine più automatica e meno dipendente dal processo decisionale consapevole.

Ruolo della corteccia prefrontale:

La corteccia prefrontale, in particolare la corteccia prefrontale dorsolaterale, è coinvolta nel processo decisionale, nella definizione degli obiettivi e nel controllo consapevole. Nelle prime fasi della formazione dell'abitudine, la corteccia prefrontale è più coinvolta, ma man mano che le abitudini si radicano, il coinvolgimento di questa regione diminuisce.

Script cognitivi:

Gli script cognitivi sono rappresentazioni mentali di sequenze apprese di comportamenti. Le abitudini sono spesso associate a script cognitivi specifici e la ripetizione di questi script rafforza il ciclo dell'abitudine.

Comprendere la scienza dietro la formazione di abitudini può consentire agli individui a modellare intenzionalmente i loro comportamenti. Manipolando segnali, routine e premi, gli individui possono creare, modificare o rompere le abitudini, sfruttando la plasticità del cervello per favorire cambiamenti positivi nel comportamento.

A. Aspetti neurologici della formazione di abitudini

Gli aspetti neurologici della formazione dell'abitudine coinvolgono processi complessi all'interno del cervello, tra cui l'interazione di varie regioni cerebrali, neurotrasmettitori e percorsi neurali. Comprendere questi aspetti neurologici può far luce su come le abitudini vengono create, mantenute e cambiate. Qui ci sono elementi chiave relativi agli aspetti neurologici della formazione di abitudini:

Gangli della base:

I gangli della base sono un gruppo di nuclei situati nel profondo del cervello e svolge un ruolo centrale nella formazione dell'abitudine. Aiuta a codificare e conservare comportamenti abituali. Man mano che le abitudini diventano più radicate, i gangli della base assumono il controllo di questi comportamenti, rendendoli automatici e richiedendo uno sforzo meno consapevole.

Neurotrasmettitori, dopamina e premi:

La dopamina, un neurotrasmettitore, è un giocatore chiave nel sistema di ricompensa del cervello ed è strettamente associata alla formazione dell'abitudine. Quando un'azione o un comportamento è seguita da un'esperienza gratificante, viene rilasciata la dopamina. Questo rilascio rafforza le connessioni neurali associate al comportamento, rafforzando il ciclo dell'abitudine.

Striato:

Lo striato, una parte dei gangli della base, è particolarmente coinvolto nella formazione dell'abitudine. Riceve input dalla corteccia ed è responsabile dell'avvio e del coordinamento delle azioni abituali. I cambiamenti nello striato si osservano quando le abitudini si formano e diventano più automatiche.

Corteccia Prefrontale:

La corteccia prefrontale, in particolare la corteccia prefrontale dorsolaterale (DLPFC), è cruciale per il processo decisionale, la definizione degli obiettivi e il controllo consapevole. Nelle prime fasi della formazione dell'abitudine, la corteccia prefrontale è attivamente coinvolta. Tuttavia, man mano che le abitudini diventano più radicate, la dipendenza dal processo decisionale cosciente diminuisce e il controllo dei cambiamenti su strutture subcorticali come i gangli della base.

Neuroplasticità:

La neuroplasticità si riferisce alla capacità del cervello di riorganizzarsi formando nuove connessioni neurali. Le abitudini comportano cambiamenti nella plasticità sinaptica, in cui i comportamenti ripetuti rafforzano le connessioni tra i neuroni, rendendo l'abitudine più automatica.

Ippocampo:

L'ippocampo, una regione cerebrale associata all'apprendimento e alla memoria, è coinvolto nelle fasi iniziali della formazione di abitudini. Aiuta a codificare le informazioni contestuali relative all'abitudine. Nel tempo, man mano che le abitudini diventano più automatiche, il coinvolgimento dell'ippocampo diminuisce.

Cervelletto:

Il cervelletto, tradizionalmente associato al controllo motorio, è anche implicato nella formazione di abitudini. Ha un ruolo nel perfezionamento e nell'automazione dei movimenti motori associati a comportamenti abituali.

Sistema endocannabinoide:

Il sistema endocannabinoide, che coinvolge cannabinoidi e recettori endogeni nel cervello, è stato implicato nella formazione dell'abitudine. La modulazione di questo sistema può influenzare il rafforzamento dei comportamenti abituali.

Comprendere le intricate interazioni tra queste regioni cerebrali e i sistemi di neurotrasmettitori fornisce approfondimenti sul perché le abitudini sono spesso impegnative al cambiamento. La formazione di abitudini comporta un'interazione dinamica di processi neurali che si spostano da azioni coscienti e dirette agli obiettivi a comportamenti automatici e radicati nel tempo. Gli interventi volti a modificare le abitudini possono sfruttare questi meccanismi neurologici per facilitare il cambiamento di comportamento positivo.

B. Ruolo del sistema di ricompensa del cervello

Il sistema di ricompensa del cervello svolge un ruolo cruciale nella formazione dell'abitudine, nella motivazione e nella rafforzamento di alcuni comportamenti. Questo sistema coinvolge una complessa rete di strutture neurali e neurotrasmettitori che lavorano insieme per segnalare e rafforzare i comportamenti associati a esperienze piacevoli. Ecco i componenti chiave e il ruolo del sistema di ricompensa del cervello:

Rilascio di dopamina:

La dopamina è un neurotrasmettitore che svolge un ruolo centrale nel sistema di ricompensa del cervello. Viene spesso indicato come neurotrasmettitore "di benessere". Quando il cervello anticipa o sperimenta uno stimolo gratificante, come cibo, interazione sociale o realizzazione, viene rilasciata la dopamina.

Nucleus accumbens:

Il nucleo accumbens è un componente chiave del circuito di ricompensa del cervello. Fa parte dello striato ventrale ed è coinvolto nell'elaborazione dei premi e nel rafforzamento dei comportamenti associati a risultati positivi. Il rilascio di dopamina nel nucleo accumbens è associato a piacere e motivazione.

Area tegmentale ventrale (VTA):

L'area tegmentale ventrale è una regione nel mesencefalo che svolge un ruolo cruciale nella produzione di dopamina. I neuroni nella dopamina VTA rilasciano, che viaggia in varie regioni cerebrali, tra cui il nucleo accumbens e la corteccia prefrontale, influenzando la motivazione e il rinforzo.

Corteccia Prefrontale:

La corteccia prefrontale, in particolare la corteccia prefrontale ventromediale, è coinvolta nel processo decisionale, nella definizione degli obiettivi e nella valutazione delle potenziali premi e conseguenze delle azioni. Interagisce con il sistema di ricompensa per guidare il comportamento in base ai risultati previsti.

Amygdala:

L'amigdala è coinvolto nell'elaborazione delle emozioni, compresa la valenza emotiva degli stimoli. Ha un ruolo nell'associazione delle emozioni a premi o punizioni, influenzando il rafforzamento dei comportamenti basati su esperienze emotive.

Ippocampo:

L'ippocampo, una regione associata all'apprendimento e alla memoria, aiuta a codificare le informazioni contestuali relative alle esperienze gratificanti. Contribuisce alla formazione di ricordi associati a risultati positivi, influenzando il comportamento futuro.

Endorfine:

Le endorfine sono neurotrasmettitori che fungono da antidolorifici naturali e ascensori dell'umore. Vengono rilasciati durante attività come l'esercizio e contribuiscono ai sentimenti positivi associati a queste attività.

Sistema di oppioidi:

Anche il sistema di oppioidi del cervello, compresi i recettori per gli oppioidi endogeni, svolge un ruolo nell'elaborazione della ricompensa. I recettori degli oppioidi sono coinvolti nei sentimenti piacevoli associati a determinati comportamenti.

Il sistema di ricompensa del cervello è un potente motivatore che rafforza i comportamenti legati a risultati positivi. Nel contesto della formazione di abitudini, il sistema di ricompensa svolge un ruolo chiave nel rafforzare il ciclo di abitudini - taglio, routine e ricompensa - associando determinati comportamenti a esperienze piacevoli. Questo meccanismo di rinforzo aiuta a spiegare perché le abitudini possono diventare radicate e automatiche nel tempo, mentre il cervello impara a cercare e ripetere azioni che portano a risultati gratificanti. Comprendere l'interazione di questi processi neurali è cruciale per comprendere come si formano e mantenute le abitudini.

C. Come le abitudini diventano automatiche

Le abitudini diventano automatiche attraverso un processo noto come neuroplasticità, che è la capacità del cervello di riorganizzarsi formando nuove connessioni neurali. Man mano che i comportamenti si ripetono nel tempo, il cervello subisce cambiamenti nella sua struttura e funzione, rendendo le prestazioni di quei comportamenti più automatici e meno dipendenti dal processo decisionale consapevole. Diversi meccanismi chiave contribuiscono all'automaticità delle abitudini:

Rafforzare i percorsi neurali:

Quando un comportamento viene ripetuto, rafforza le connessioni tra i neuroni in specifiche regioni cerebrali associate a quel comportamento. Questo processo prevede il miglioramento della plasticità sinaptica, in cui aumenta l'efficienza della comunicazione tra i neuroni.

Coinvolgimento dei gangli della base:

I gangli della base, un gruppo di nuclei situati nel cervello, svolgono un ruolo centrale nella formazione dell'abitudine. Man mano che le abitudini diventano più radicate, i gangli della base assume il controllo di questi comportamenti. Questo passaggio dal controllo cosciente all'elaborazione automatica contribuisce all'automaticità delle abitudini.

Riduzione del coinvolgimento della corteccia prefrontale:

Nelle prime fasi della formazione di abitudini, la corteccia prefrontale, in particolare la corteccia prefrontale dorsolaterale (DLPFC), è attivamente impegnata nel processo decisionale e nell'impostazione degli obiettivi. Man mano che le abitudini diventano più automatiche, la dipendenza dalla corteccia prefrontale diminuisce e i cambiamenti di controllo su strutture subcorticali come i gangli della base.

Rinforzo della dopamina:

La dopamina, un neurotrasmettitore associato alla ricompensa e al piacere, svolge un ruolo chiave nel rafforzare le abitudini. Quando un comportamento è seguito da un'esperienza gratificante, viene rilasciata la dopamina. Ciò rafforza le connessioni neurali associate al comportamento, rendendo più probabile l'abitudine.

Loop cue-response-reward:

L'abitudine, costituito da un segnale, una routine e una ricompensa, diventa più radicato con la ripetizione. Il cervello impara ad associare segnali specifici a determinate routine e ai premi di accompagnamento. Nel tempo, questo anello di recatto di risposta-risposta si rafforza, contribuendo all'automaticità delle abitudini.

Associazioni contestuali:

Le abitudini diventano spesso legate a contesti o situazioni specifiche. Il cervello forma associazioni tra il comportamento e i segnali ambientali, rendendo l'abitudine più automatica se innescata da contesti familiari.

Script cognitivi:

Gli script cognitivi sono rappresentazioni mentali di sequenze apprese di comportamenti. Man mano che le abitudini diventano più automatiche, sono spesso associate a script cognitivi specifici. Questi script guidano la sequenza di azioni senza richiedere un pensiero cosciente.

Riduzione del carico cognitivo:

I comportamenti automatici richiedono meno risorse cognitive perché vengono memorizzati nel cervello come routine. Questa riduzione del carico cognitivo consente alle persone di compiere azioni abituali con uno sforzo consapevole minimo.

Man mano che le abitudini diventano automatiche, sono più resistenti al cambiamento perché sono profondamente incorporate nei circuiti neurali del cervello. La rottura o la modifica delle abitudini automatiche comporta spesso sforzi intenzionali per interrompere i percorsi neurali stabiliti, creare nuove associazioni e rafforzare i comportamenti alternativi. Comprendere i meccanismi neurali dietro l'abitudine all'automaticità fornisce approfondimenti su strategie efficaci per il cambiamento di comportamento.

IV. Stabilire obiettivi chiari

Stabilire obiettivi chiari è un passo cruciale nello sviluppo personale e professionale, fornendo direzione, motivazione e un quadro per il raggiungimento. Ecco alcuni principi e passaggi chiave da considerare quando si impostano obiettivi chiari:

Sii specifico:

Definisci chiaramente i tuoi obiettivi con specificità. Obiettivi vaghi o ambigui possono essere difficili da perseguire. Ad esempio, invece di dire "Voglio esercitare di più", specificare "Farò jogging per 30 minuti ogni mattina".

Rendere gli obiettivi misurabili:

Definire gli obiettivi in un modo che ti consente di tenere traccia dei progressi. Stabilire criteri misurabili per valutare se hai raggiunto l'obiettivo. Questo aiuta a monitorare le prestazioni e a rimanere motivato. Ad esempio, piuttosto che dire "perdere peso", specificare "perdere 10 chili in due mesi".

Stabilisci obiettivi realizzabili:

Assicurati che i tuoi obiettivi siano realistici e raggiungibili. Sebbene sia essenziale puntare in alto, stabilire obiettivi non realistici può portare alla frustrazione e alla demotivazione. Considera le tue attuali capacità, risorse e vincoli di tempo.

Rilevanza per i tuoi valori:

Allinea i tuoi obiettivi con i tuoi valori e priorità. Gli obiettivi che sono personalmente significativi hanno maggiori probabilità di essere perseguiti con passione e impegno. Considera come ogni obiettivo contribuisce alla tua visione più ampia per la tua vita.

Time legato:

Stabilisci un periodo di tempo per raggiungere i tuoi obiettivi. Questo crea un senso di urgenza e ti aiuta a rimanere concentrato. Ad esempio, invece di dire "Voglio imparare una nuova lingua", specificherò "Imparerò lo spagnolo conversazionale entro sei mesi".

Abbattere gli obiettivi più grandi:

Se hai obiettivi significativi a lungo termine, suddividili in compiti più piccoli e gestibili. Questo rende l'obiettivo generale più realizzabile e ti consente di celebrare le vittorie più piccole lungo la strada.

Scrivi i tuoi obiettivi:

Documentare i tuoi obiettivi li rende più tangibili e rafforza il tuo impegno. Scrivi i tuoi obiettivi in un diario, su una visione o in un formato digitale. Questo atto di registrazione aumenta la tua responsabilità.

Crea un piano d'azione:

Descrivi i passaggi e le azioni specifici che devi intraprendere per raggiungere ogni obiettivo. Un piano d'azione ben definito fornisce una tabella di marcia, rendendo più semplice la navigazione del percorso verso i tuoi obiettivi.

Rivedere e regolare regolarmente:

Rivedi regolarmente i tuoi obiettivi e i tuoi progressi. Valuta se i tuoi obiettivi sono ancora pertinenti, regola i tempi se necessario e celebra i risultati. Questa revisione in corso consente flessibilità e adattamento.

Cerca feedback e supporto:

Condividi i tuoi obiettivi con gli altri, che si tratti di amici, familiari o colleghi. La ricerca di feedback e supporto può fornire incoraggiamento, guida e responsabilità.

Visualizza il successo:

Crea un'immagine mentale di te stesso raggiungendo con successo i tuoi obiettivi. La visualizzazione può migliorare la motivazione e aiutare a superare gli ostacoli rafforzando una mentalità positiva.

Resta flessibile:

Mentre è essenziale stabilire obiettivi chiari, sii aperto a regolarli in base alle circostanze mutevoli, alle nuove informazioni o ai cambiamenti nelle priorità. La flessibilità consente un approccio di definizione degli obiettivi più adattivi e resilienti.

Ricorda che stabilire obiettivi chiari non è un'attività una tantum ma un processo in corso. Rivalutare e perfezionare regolarmente i tuoi obiettivi mentre progredisci e man mano che le tue circostanze si evolvono. Questo approccio iterativo garantisce che i tuoi obiettivi rimangano allineati con le tue aspirazioni e contribuiscano alla crescita e al successo complessivi.

A. L'importanza della definizione degli obiettivi nella formazione di abitudini

L'impostazione degli obiettivi svolge un ruolo cruciale nella formazione dell'abitudine, fornendo un quadro strutturato che guida gli individui verso un cambiamento di comportamento intenzionale e sostenuto. Ecco diversi motivi che evidenziano l'importanza della definizione degli obiettivi nella formazione di abitudini:

Direzione e scopo:

Gli obiettivi forniscono un chiaro senso della direzione e dello scopo. Aiutano le persone a identificare ciò che vogliono raggiungere, promuovendo un senso di significato e motivazione nelle loro azioni. Questa chiarezza è fondamentale per l'avvio e il sostegno delle abitudini.

Motivazione e concentrazione:

Gli obiettivi ben definiti agiscono come potenti motivatori. Creano un senso di urgenza e scopo, aiutando le persone a rimanere concentrate sui risultati desiderati. La motivazione è un fattore chiave per stabilire e mantenere le abitudini.

Progresso misurabile:

Gli obiettivi sono spesso quantificabili e misurabili. Ciò consente alle persone di monitorare i loro progressi, fornendo prove tangibili dei loro risultati. La misurazione del progresso rafforza un senso di realizzazione e incoraggia lo sforzo continuo.

Responsabilità:

Stabilire obiettivi stabilisce un senso di responsabilità. Quando le persone si impegnano in obiettivi specifici, è più probabile che si sentano responsabili delle loro azioni. Questa responsabilità contribuisce a un livello più elevato di impegno nella formazione e nel mantenimento delle abitudini.

Abbattinare la complessità:

Gli obiettivi suddividono obiettivi più grandi in compiti più piccoli e più gestibili. Questo approccio passo-passo semplifica la complessità del cambiamento di comportamento, rendendo più facile per le persone intraprendere azioni coerenti e costruire abitudini nel tempo.

Concentrati sul cambiamento di comportamento:

Gli obiettivi spostano l'attenzione da vaghe intenzioni ad azioni concrete. Invece di esprimere semplicemente il desiderio di cambiare, le persone con obiettivi chiari identificano i comportamenti specifici di cui hanno bisogno per adottare o modificare per raggiungere i loro obiettivi.

Persistenza migliorata:

Obiettivi chiari contribuiscono alla persistenza di fronte alle sfide. Quando gli individui incontrano ostacoli, avere un obiettivo ben definito può servire da fonte di motivazione, incoraggiandoli a superare le battute d'arresto e continuare a lavorare per i risultati desiderati.

Priorità degli sforzi:

Gli obiettivi aiutano le persone a dare la priorità ai loro sforzi e ad allocare le risorse in modo efficace. Identificando i comportamenti o i cambiamenti più critici necessari per raggiungere un obiettivo, gli individui possono concentrarsi su azioni che hanno il maggiore impatto sulla formazione di abitudini.

Crescita personale:

Gli obiettivi spesso riflettono le aspirazioni personali e di sviluppo. In relazione alla salute, alla carriera, alle relazioni o all'auto-miglioramento, gli obiettivi forniscono un quadro per la crescita e lo sviluppo continui, contribuendo a un approccio olistico alla formazione di abitudini.

Rinforzo positivo:

Il raggiungimento degli obiettivi genera un senso di realizzazione e soddisfazione. Questo rinforzo positivo rafforza il ciclo di abitudini, rafforzando la connessione tra comportamenti specifici e risultati positivi.

Adattabilità e aggiustamenti:

La definizione degli obiettivi consente alle persone di adattarsi e apportare modifiche in base al progresso, al feedback o alle mutevoli circostanze. Questa flessibilità è cruciale per la raffinazione delle strategie e per rimanere in rotta per la formazione di abitudini.

In sintesi, l'impostazione degli obiettivi funge da forza guida che allinea l'intenzione con l'azione, fornendo alle persone la struttura, la motivazione e la responsabilità necessarie per stabilire e sostenere abitudini positive. Stabilendo obiettivi chiari e significativi, le persone migliorano la loro probabilità di successo nel processo di formazione delle abitudini.

B. Obiettivi intelligenti: specifici, misurabili, realizzabili, pertinenti, rilegati nel tempo

Gli obiettivi intelligenti sono un framework per fissare obiettivi specifici, misurabili, realizzabili, pertinenti e legati al tempo. Questo approccio fornisce un modo chiaro e strutturato per definire e lavorare verso gli obiettivi. Ecco una rottura di ogni componente degli obiettivi intelligenti:

Specifica:

Definire chiaramente l'obiettivo con specificità. Sii preciso su ciò che vuoi ottenere, rispondere alle domande: cosa, perché e come. Più specifico è il tuo obiettivo, più facile è concentrare i tuoi sforzi e misurare i progressi.

Esempio: invece di un vago obiettivo come "Esercizio di più", un obiettivo specifico sarebbe "funzionare per 30 minuti ogni mattina per migliorare la forma cardiovascolare".

Misurabile:

Stabilire criteri concreti per misurare i progressi e determinare quando si raggiunge l'obiettivo. Quantifica aspetti dell'obiettivo in modo da poter tracciare e valutare le tue prestazioni.

Esempio: invece di un obiettivo non misurabile come "Eatier più sano", un obiettivo misurabile sarebbe "consumare almeno cinque porzioni di frutta e verdura ogni giorno".

Realizzabile:

Assicurarsi che l'obiettivo sia realistico e raggiungibile. Sebbene sia importante stabilire obiettivi ambiziosi, dovrebbero comunque essere fattibili considerando le tue attuali capacità, risorse e vincoli.

Esempio: invece di un obiettivo non realistico come "perdere 20 chili in una settimana", un obiettivo raggiungibile sarebbe "perdere 1-2 sterline a settimana attraverso una combinazione di una dieta equilibrata ed esercizio fisico regolare".

Pertinente:

L'obiettivo dovrebbe essere rilevante e allineato con i tuoi valori, priorità e obiettivi più ampi. Assicurati che l'obiettivo abbia senso nel contesto della tua visione generale per lo sviluppo personale o professionale.

Esempio: invece di perseguire un obiettivo che non è rilevante per le tue aspirazioni, un obiettivo pertinente potrebbe essere "completare un corso online nel marketing digitale per migliorare le competenze e le prospettive di carriera".

Time legato:

Imposta un periodo di tempo specifico per raggiungere l'obiettivo. Una scadenza crea un senso di urgenza e aiuta a gestire il tempo in modo efficace. Fornisce inoltre un endpoint chiaro per la valutazione del successo.

Esempio: invece di un obiettivo a tempo indeterminato come "impara una nuova lingua", un obiettivo a tempo sarebbe "raggiungere la fluidità conversazionale in spagnolo entro sei mesi dedicando 30 minuti al giorno alla pratica linguistica".

Applicando i criteri intelligenti al tuo processo di definizione degli obiettivi, migliorare la chiarezza, la concentrazione e la fattibilità dei tuoi obiettivi. Questo framework è ampiamente utilizzato in vari settori, tra cui lo sviluppo personale, la gestione dei progetti e la definizione degli obiettivi organizzativi, per promuovere il raggiungimento degli obiettivi di successo e strategico.

C. Allineare le abitudini con obiettivi a lungo termine

Allineare le abitudini con obiettivi a lungo termine è essenziale per lo sviluppo personale e professionale sostenuto. Ecco alcune strategie chiave per garantire che le tue abitudini supportino e contribuiscano ai tuoi obiettivi generali:

Chiarire i tuoi obiettivi a lungo termine:

Definisci chiaramente i tuoi obiettivi e aspirazioni a lungo termine. Comprendi cosa vuoi ottenere in diverse aree della tua vita, come carriera, salute, relazioni e sviluppo personale. Questa chiarezza fornisce una base per allineare le abitudini con i tuoi obiettivi generali.

Identifica le aree chiave per il miglioramento:

Valuta le aree della tua vita in cui vedi opportunità di miglioramento o in cui le abitudini potrebbero avere un impatto significativo. Identificare i comportamenti che, se praticamente praticati, contribuirebbe al raggiungimento dei tuoi obiettivi a lungo termine.

Abbattere gli obiettivi a lungo termine in abitudini:

Abbatti i tuoi obiettivi a lungo termine in abitudini più piccole e gestibili. Identificare le azioni e i comportamenti specifici che, se eseguiti in modo coerente, porterà a progressi verso i tuoi obiettivi più grandi. Questo approccio passo-passo rende gli obiettivi più realizzabili.

Stabilire le abitudini di Keystone:

Le abitudini di Keystone sono comportamenti fondamentali che hanno un effetto a catena positivo su altre aree della tua vita.

Identifica e dà la priorità alle abitudini di Keystone che si allineano con i tuoi obiettivi a lungo termine. Queste abitudini possono fungere da catalizzatori per un cambiamento positivo.

Crea un piano di implementazione dell'abitudine:

Sviluppare un piano dettagliato per l'implementazione di nuove abitudini. Specificare l'indicazione, la routine e la ricompensa per ogni abitudine, seguendo il modello di loop di abitudine. Considera fattori come tempi, ambiente e innesco che supportano l'adozione riuscita di ciascuna abitudine.

Dai la priorità alla coerenza sull'intensità:

La coerenza è la chiave quando si costruiscono abitudini che si allineano con obiettivi a lungo termine. Concentrati sulla creazione di una routine ed essere coerente nei tuoi sforzi. Le azioni piccole e sostenibili eseguite regolarmente portano spesso a risultati più significativi e duraturi.

Incorporare le abitudini nelle routine quotidiane:

Integra le tue nuove abitudini nelle tue routine quotidiane. Allineare le abitudini con le routine esistenti li rende più facili da adottare. Ad esempio, se il tuo obiettivo è quello di leggere di più, incorporare la lettura nella tua routine quotidiana facendolo durante un tempo specifico ogni giorno.

Tracciare il progresso e regolare:

Tieni traccia regolarmente i tuoi progressi verso i tuoi obiettivi a lungo termine. Valuta l'efficacia delle tue abitudini e apporta le modifiche necessarie. Se alcune abitudini non contribuiscono ai tuoi obiettivi, considera di modificarli o esplorare comportamenti alternativi.

Coltivare una mentalità di crescita:

Abbraccia una mentalità di crescita che vede le sfide come opportunità di apprendimento e miglioramento. Riconoscere che le abitudini di costruzione allineate con obiettivi a lungo termine è un viaggio e le battute d'arresto fanno parte del processo. Impara dalle esperienze e continua a perfezionare le tue abitudini.

Festeggia le pietre miliari:

Celebra i risultati lungo la strada. Riconoscere e premiarti quando raggiungi le pietre miliari o raggiungi obiettivi specifici. Il rinforzo positivo migliora la motivazione e rafforza la connessione tra abitudini e successo.

Cerca responsabilità e supporto:

Condividi i tuoi obiettivi e abitudini con amici, familiari o colleghi che possono fornire responsabilità e supporto. Avere un sistema di supporto può rendere più facile rimanere impegnati nelle tue abitudini, specialmente durante i periodi difficili.

Allineando le tue abitudini con obiettivi a lungo termine, si crea una relazione sinergica tra azioni quotidiane e obiettivi generali. Le abitudini di pratica costante che supportano i tuoi obiettivi costruiscono slancio nel tempo, portando a una crescita personale e professionale significativa e sostenibile.

V. Creazione di un ambiente che forma abitudine

Creare un ambiente che forma abitudine implica modellare l'ambiente circostante per supportare e rafforzare i comportamenti che si desidera sviluppare in abitudini. Il tuo ambiente ha un impatto significativo sulle tue abitudini, influenzando i segnali, le routine e il ciclo di abitudine generale. Qui ci sono strategie per creare un ambiente che forma l'abitudine:

Identifica i trigger e i segnali:

Riconosci i segnali o i trigger che spingono le abitudini desiderate. Questi potrebbero essere tempi specifici della giornata, luoghi, stati emotivi o eventi. Una volta identificati, sfruttare questi segnali per spingere i comportamenti che si desidera trasformare in abitudini.

Rendi visibili i comportamenti desiderati:

Aumenta la visibilità dei segnali relativi alle abitudini desiderate. Posiziona promemoria, note o segnali visivi in luoghi di spicco per servire da promemoria costanti. Questo rinforzo visivo aiuta a mantenere i tuoi obiettivi a fuoco.

Rimuovi le barriere:

Elimina ostacoli o barriere che possono ostacolare le prestazioni delle abitudini desiderate. Rendi il più semplice possibile impegnarsi nel comportamento che si desidera adottare. Ciò potrebbe comportare l'organizzazione dell'ambiente, la creazione di strumenti necessari o la rimozione delle distrazioni.

Progetta uno spazio dedicato:

Crea uno spazio dedicato nel tuo ambiente che è favorevole all'abitudine che si desidera sviluppare. Che si tratti di un'area di allenamento, di un angolo di lettura o di un'area di lavoro designata, avere una posizione specifica per il comportamento può migliorare la formazione dell'abitudine.

Usa la tecnologia e gli strumenti:

Sfrutta la tecnologia e gli strumenti per supportare le tue abitudini. Imposta promemoria sul telefono, usa app per track di abitudini o impiega gadget che si allineano con i tuoi obiettivi. La tecnologia può fornire segnali aggiuntivi e responsabilità.

Stabilire rituali:

Sviluppare rituali pre o post-comportamenti che segnalano l'inizio o la fine di un'abitudine. Questi rituali possono servire da segnali aggiuntivi che rafforzano il ciclo dell'abitudine e contribuiscono a rendere il comportamento più automatico.

Supporto sociale e responsabilità:

Circondati di persone che supportano i tuoi obiettivi. Condividi le tue abitudini con amici, familiari o colleghi che possono fornire incoraggiamento, responsabilità e rinforzo positivo. Il supporto sociale rafforza il tuo ambiente che forma l'abitudine.

Le abitudini di collegamento alle routine esistenti:

Integrare nuove abitudini nelle routine esistenti. Associa il comportamento desiderato alle azioni che esegui già regolarmente. Questo aiuta ad ancorare l'abitudine all'interno della tua vita quotidiana e minimizza lo sforzo necessario per stabilirla.

Crea un'atmosfera positiva:

Promuovere un'atmosfera positiva e incoraggiante nel tuo ambiente. Circondati di elementi che ti ispirano e ti motivano. Ciò potrebbe includere citazioni, immagini o simboli edificanti relativi ai tuoi obiettivi.

Abitudini batch:

Combinare o batch le abitudini correlate per semplificare la tua routine. L'esecuzione di più abitudini in sequenza può creare un flusso naturale e aumentare l'efficienza. Questo aiuta ad associare le abitudini tra loro e rafforzare la routine generale.

Sistema di ricompensa:

Stabilisci un sistema di ricompensa all'interno del tuo ambiente. Associare il completamento dell'abitudine con una ricompensa positiva per rafforzare il comportamento. Questa potrebbe essere una piccola sorpresa, una pausa o qualsiasi altra forma di rinforzo positivo che ti è significativo.

Valutare e regolare regolarmente:

Valuta periodicamente l'ambiente e apporta adeguamenti in base alle tue esperienze e progressi. Se alcuni elementi del tuo ambiente non sono favorevoli alla formazione di abitudini, considera di apportare modifiche per supportare meglio i tuoi obiettivi.

Dampliando intenzionalmente il tuo ambiente per allineare con le tue abitudini desiderate, crei un ecosistema di supporto che migliora la probabilità di formazione di abitudini. L'obiettivo è rendere i comportamenti desiderati più accessibili, visibili e divertenti all'interno del tuo ambiente quotidiano.

A. Progettare il tuo spazio fisico per supportare le abitudini positive

Progettare il tuo spazio fisico per supportare le abitudini positive implica la creazione di un ambiente che incoraggi e rafforzi i comportamenti che si desidera coltivare. Qui ci sono suggerimenti pratici per progettare uno spazio che facilita lo sviluppo di abitudini positive:

Sgomberare e organizzare:

Uno spazio privo di disordine e organizzato può avere un impatto positivo sulla tua mentalità e rendere più facile impegnarsi nelle abitudini desiderate. Cancella articoli non necessari, organizza i tuoi effetti personali e crea un ambiente pulito e visivamente accattivante.

Crea un lavoro dedicato o uno spazio di studio:

Se il tuo obiettivo prevede le abitudini di lavoro o di studio, designa un'area specifica per queste attività. Avere un'area di lavoro dedicata aiuta a segnalare l'inizio e la fine delle sessioni di lavoro/studio, migliorando la concentrazione e la produttività.

Imposta una zona di allenamento:

Designare uno spazio per l'esercizio se stai cercando di sviluppare un'abitudine di fitness. Potrebbe essere un angolo con attrezzature da esercizi, un tappetino da yoga o semplicemente un'area aperta per gli esercizi di peso corporeo. Assicurati che lo spazio sia invitante e favorevole all'attività fisica.

Incorporare la luce naturale:

Massimizza l'esposizione alla luce naturale nel tuo spazio. La luce naturale ha numerosi benefici per la salute e può avere un impatto positivo sul tuo umore e i livelli di energia. Disporre i mobili e le workstation per sfruttare la luce naturale disponibile.

Usa i colori consapevolmente:

Considera gli effetti psicologici dei colori nel tuo ambiente. Alcuni colori possono promuovere rilassamento, concentrazione o creatività. Scegli i colori che si allineano con gli obiettivi dello spazio specifico, tenendo presente l'umore e l'atmosfera previsti.

Crea un angolo di rilassamento:

Se il tuo obiettivo prevede una riduzione dello stress o un rilassamento, designa un angolo accogliente con comodi posti a sedere, illuminazione morbida e oggetti che promuovono il rilassamento (come cuscini, coperte o arredamento calmante).

Integrare piante ed elementi naturali:

Porta elementi della natura nel tuo spazio incorporando piante da interno, trame naturali o opere d'arte ispirate alla natura. L'esposizione alla natura è stata collegata a un miglioramento del benessere e può influenzare positivamente la tua mentalità.

Usa segnali visivi personalizzati:

Visualizza segnali visivi che si allineano con le tue abitudini e obiettivi. Ciò potrebbe includere schede di visione, citazioni motivazionali o immagini che rappresentano i risultati che aspirano a raggiungere. Questi segnali servono da promemoria e fonti di ispirazione.

Crea un angolo di lettura:

Se la tua abitudine prevede la lettura, istituisci un angolo di lettura confortevole con una sedia accogliente, una buona illuminazione e uno scaffale. Rendilo uno spazio invitante che incoraggia le sessioni di lettura regolari.

Limitare le distrazioni:

Identifica e minimizza le potenziali distrazioni nel tuo ambiente. Crea uno spazio focalizzato e favorevole rimuovendo gli oggetti inutili o organizzando il tuo spazio in modo da ridurre al minimo le interruzioni.

Configurazione della tecnologia:

Organizza la tua tecnologia per supportare le tue abitudini. Assicurarsi che i dispositivi siano addebitati e accessibili per le abitudini di produttività o impostare una stazione di ricarica dedicata per incoraggiare la scollegamento durante i periodi di rilassamento.

Investi in mobili e strumenti di qualità:

Prendi in considerazione l'idea di investire in mobili ergonomici e confortevoli che supportano le tue attività. Avere gli strumenti e le attrezzature giuste per le tue abitudini può rendere l'esperienza più piacevole e sostenibile.

Personalizza il tuo spazio:

Infondere la tua personalità nello spazio. La personalizzazione crea un senso di proprietà e comfort. Visualizza oggetti che ti danno gioia e contribuiscono a un'atmosfera positiva.

Ricorda che progettare il tuo spazio fisico è un processo dinamico. Valuta regolarmente l'ambiente, apporta modifiche in base alle necessità e assicurati che continui ad allinearsi con le tue abitudini e obiettivi in evoluzione. Uno spazio progettato con cura può essere un potente alleato nella ricerca di un cambiamento di comportamento positivo.

B. Rimozione di ostacoli e distrazioni

Rimuovere gli ostacoli e le distrazioni dal tuo ambiente è un passo cruciale nella creazione di uno spazio favorevole per lo sviluppo di abitudini positive. Riducendo al minimo le potenziali barriere e le fonti di interruzione, è possibile migliorare la concentrazione, la produttività e la probabilità di formazione di abitudini. Qui ci sono strategie per eliminare efficacemente ostacoli e distrazioni:

Identifica le distrazioni:

Inizia identificando le distrazioni e gli ostacoli specifici nel tuo ambiente. Questi potrebbero includere disordine, rumore, gadget inutili o qualsiasi cosa che distoglie la tua attenzione dalle attività previste.

Declutter il tuo spazio:

Semplifica il tuo ambiente declaturandosi. Rimuovi gli articoli non necessari e organizza il tuo spazio in un modo che promuova la chiarezza e l'ordine. Uno spazio privo di disordine minimizza le distrazioni visive e crea un'atmosfera più mirata.

Organizza il tuo spazio digitale:

Estendi Decluttering al tuo ambiente digitale. Organizza i file del computer, le e -mail e le applicazioni. Annullare l'iscrizione a elenchi e -mail inutili, organizzare il tuo desktop e creare cartelle per mantenere in ordine gli spazi digitali.

Stabilire uno spazio di lavoro dedicato:

Crea un'area di lavoro dedicata per attività specifiche. Questa potrebbe essere un'area designata per lavoro, studio o un compito mirato. Avere uno spazio dedicato aiuta a segnalare l'inizio e la fine di queste attività, riducendo la probabilità di distrazioni.

Imposta confini chiari:

Comunica e imposta limiti chiari con gli altri che condividono il tuo spazio. Fai sapere ai membri della famiglia, ai compagni di stanza o ai colleghi quando hai bisogno di tempo ininterrotto per concentrarti sulle tue abitudini. Stabilire confini aiuta a creare un ambiente rispettoso e di supporto.

Usa non disturbare le modalità:

Approfitta delle modalità "non disturbare" sui tuoi dispositivi. Attiva questa funzione durante le sessioni di lavoro focalizzato o di costruzione di abitudini per ridurre al minimo le notifiche e le interruzioni da chiamate, messaggi o avvisi di app.

Stabilire una routine:

Sviluppa una routine coerente per le tue abitudini. Stabilire tempi specifici per lavoro mirato, rilassamento e altre attività. Una routine prevedibile aiuta il tuo cervello ad adattarsi a periodi di concentrazione designati, rendendo più facile ridurre al minimo le distrazioni.

Dai priorità alle attività:

Dai la priorità alle tue attività per assicurarti di concentrarti sulle attività più importanti. Affrontare prima i compiti ad alta priorità può creare un senso di realizzazione e ridurre la tentazione di procrastinare o essere distratto da attività meno critiche.

Usa le tecniche di gestione del tempo:

Impiegare tecniche di gestione del tempo come la tecnica Pomodoro, il blocco del tempo o la matrice Eisenhower. Questi metodi aiutano a strutturare il tuo tempo, assegnare periodi focalizzati e ridurre il rischio di multitasking o soccombere alle distrazioni.

Rimuovere i gadget inutili:

Identifica e rimuovi gadget o articoli non necessari che non sono essenziali per l'attività attuale. Ad esempio, mantieni solo gli strumenti di cui hai bisogno sulla scrivania e memorizza altri oggetti fuori dalla vista per ridurre al minimo le distrazioni visive.

Crea una zona senza distrazione:

Designare aree o tempi specifici come zone prive di distrazioni. Ad esempio, stabilisci una regola per mantenere il tavolo da pranzo o il tuo spazio di lavoro libero da distrazioni come la televisione o i materiali di lavoro non correlati durante determinate ore.

Usa le cuffie per il cancellazione del rumore:

Se il rumore è una distrazione significativa, prendi in considerazione l'uso di cuffie per il cancellazione del rumore per creare un ambiente uditivo più mirato. Ascolta la musica strumentale o il rumore bianco se ti aiuta a concentrarti.

Pratica la consapevolezza:

Incorporare pratiche di consapevolezza per rimanere presenti e focalizzati. Tecniche come la respirazione profonda o la meditazione possono aiutarti a resistere all'impulso di soccombere alle distrazioni e mantenere la concentrazione sulle tue abitudini.

L'applicazione costante di queste strategie ti aiuterà a creare un ambiente che supporti le abitudini positive rimuovendo ostacoli e distrazioni non necessarie. Mentre coltiva uno spazio più intenzionale e mirato, probabilmente troverai più facile impegnarsi e sostenere i comportamenti desiderati.

C. Circondarti di influenze di supporto

Intorno a te stesso con influenze di supporto è una potente strategia per lo sviluppo personale e delle abitudini. Le relazioni positive e un ambiente di supporto possono avere un impatto significativo sulla tua mentalità, motivazione e capacità di stabilire e mantenere abitudini positive. Qui ci sono modi per coltivare una rete e un ambiente di supporto:

Identifica individui di supporto:

Riconosci e identifica le persone nella tua vita che supportano i tuoi obiettivi e abitudini. Questi potrebbero essere amici, familiari, colleghi, mentori o colleghi affini che condividono aspirazioni simili.

Comunicare i tuoi obiettivi:

Condividi i tuoi obiettivi e le tue abitudini con quelli vicini a te. Comunicare le tue intenzioni non solo promuove la responsabilità, ma apre anche le porte per incoraggiamento, consulenza e supporto da parte degli altri.

Circondati di influenze positive:

Trascorri del tempo con persone che mostrano abitudini e atteggiamenti positivi. Intorno a te stesso di persone che ispirano e sollevati puoi creare un ambiente favorevole alla crescita personale e al cambiamento di comportamento positivo.

Unisciti a comunità o gruppi:

Cerca comunità o gruppi che si allineano con i tuoi interessi e obiettivi. Sia online o di persona, far parte di una comunità fornisce una piattaforma per esperienze condivise, motivazione e supporto reciproco.

Trova un partner di responsabilità:

Identifica un partner di responsabilità che condivide obiettivi o abitudini simili. Questa persona può fornire incoraggiamento, fare il check-in sui tuoi progressi e offrire feedback costruttivi. La responsabilità reciproca rafforza il tuo impegno per le abitudini positive.

Partecipa ad attività di supporto:

Impegnati in attività ed eventi che supportano i tuoi obiettivi. Che si tratti di frequentare seminari, lezioni o incontri, partecipando ad ambienti che si allineano con le tue aspirazioni aumentano la probabilità di incontrare individui di supporto.

Limitare l'esposizione alle influenze negative:

Ridurre al minimo l'esposizione a individui o ambienti che possono ostacolare i tuoi progressi o scoraggiare i tuoi sforzi. Anche se potrebbe non essere possibile eliminare completamente le influenze negative, scegliere consapevolmente di trascorrere più tempo con coloro che ti supportano e supportano.

Cerca una guida professionale:

Prendi in considerazione la ricerca di una guida da parte di professionisti o mentori che hanno esperienza nelle aree su cui stai lavorando. La loro conoscenza ed esperienza può fornire preziose approfondimenti e indicazioni sul tuo viaggio.

Crea un ambiente domestico positivo:

Promuovere un'atmosfera positiva a casa incorporando elementi che ispirano e supportano le tue abitudini. Ciò potrebbe includere la creazione di spazi dedicati per le tue attività, la visualizzazione di citazioni motivazionali o l'impegno in rituali positivi condivisi con i membri della famiglia.

Esprimere gratitudine:

Riconoscere ed esprimere gratitudine per le influenze di supporto nella tua vita. Questo riconoscimento positivo rafforza le connessioni e crea un'atmosfera reciproca di incoraggiamento.

Partecipa alle sfide del gruppo:

Unisciti alle sfide o alle iniziative del gruppo relative alle tue abitudini. Che si tratti di una sfida di fitness, un club di lettura o un gruppo di sviluppo professionale, partecipare a sforzi collettivi può fornire motivazione e senso di comunità.

Celebra insieme i successi:

Condividi e celebra i tuoi risultati con la tua rete di supporto. Celebrarsi i successi insieme rafforza una mentalità positiva e incoraggia i continui progressi.

Essere una fonte di supporto per gli altri:

La reciprocità è la chiave. Essere un'influenza di supporto per gli altri che perseguono i loro obiettivi e abitudini. Offrire incoraggiamento e assistenza promuove una cultura di supporto reciproco e crea un ciclo di feedback positivo.

Ricorda che le persone con cui ti circondi e l'ambiente che crei può avere un impatto significativo sulle tue abitudini e il benessere generale. La coltivazione di una rete e un ambiente di supporto migliora la resilienza, la motivazione e la probabilità di integrare con successo le abitudini positive nella tua vita.

Vi. Il potere della coerenza

Il potere della coerenza è un principio fondamentale nello sviluppo personale e nella formazione di abitudini. La coerenza si riferisce alla capacità di eseguire ripetutamente determinate azioni, comportamenti o abitudini nel tempo. Ecco perché la coerenza è così potente:

Abitudini di moduli:

La coerenza è la chiave per formare abitudini. Quando ti impegni costantemente in un comportamento, il cervello inizia a filare i percorsi neurali associati a tale azione, rendendolo più automatico e radicato nel tempo.

Costruisce slancio:

Azioni coerenti creano slancio. Mentre continui a eseguire l'abitudine regolarmente, l'effetto cumulativo crea slancio, rendendo più facile sostenere il comportamento e ottenere risultati positivi.

Stabilisce una routine:

La coerenza aiuta a stabilire routine. Avere una routine regolare fornisce struttura e prevedibilità, riducendo l'affaticamento delle decisioni e rendendo più facile dare la priorità e svolgere compiti.

Crea un senso di disciplina:

La coerenza è un'espressione di disciplina. Richiede l'autocontrollo e la capacità di dare la priorità agli obiettivi a lungo termine rispetto agli impulsi a breve termine. Lo sviluppo di un approccio coerente coltiva la disciplina in vari aspetti della vita.

Migliora lo sviluppo delle competenze:

Che tu stia imparando una nuova abilità o migliorando quelle esistenti, la coerenza è cruciale. La pratica regolare ti consente di perfezionare e migliorare le tue capacità, portando a un miglioramento continuo.

Crea fiducia e affidabilità:

La coerenza nelle azioni costruisce la fiducia, sia in te stesso che negli occhi degli altri. Essere affidabili e prevedibili nelle tue abitudini promuove un senso di affidabilità e affidabilità.

Supera la procrastinazione:

La coerenza aiuta a superare la procrastinazione. Abbattere le attività in piccoli passi gestibili e lavorare costantemente su di essi riduce la probabilità di procrastinazione e facilita il progresso.

Incoraggia un rinforzo positivo:

Lo sforzo coerente provoca risultati positivi, portando a un rinforzo positivo. L'esperienza dei premi delle tue azioni rafforza il ciclo dell'abitudine, rendendo più probabile che continui il comportamento.

Coltiva una mentalità di crescita:

Un approccio coerente è allineato con una mentalità di crescita, che vede sfide e battute d'arresto come opportunità di apprendimento e miglioramento. Abbracciare la coerenza promuove una mentalità resiliente e adattiva.

Migliora la gestione del tempo:

La coerenza migliora le capacità di gestione del tempo. Dare la priorità e dedicare tempo a attività specifiche migliorano regolarmente l'efficienza e ti aiuta a sfruttare meglio il tuo tempo.

Promuove il successo a lungo termine:

Il successo a lungo termine è spesso il risultato di uno sforzo coerente e sostenuto. In relazioni personali, carriera o salute, la capacità di rimanere coerenti nel tempo contribuisce a sopportare il successo.

Riduce l'affaticamento decisionale:

La coerenza riduce l'affaticamento decisionale. Quando alcuni comportamenti diventano di routine, si spendi meno energia mentale decidendo se impegnarli o meno, lasciando più risorse cognitive per altri compiti.

Crea un senso di realizzazione:

Lavorare costantemente per i tuoi obiettivi e il raggiungimento dei compiti crea un senso di realizzazione e soddisfazione. Questi sentimenti positivi contribuiscono a una mentalità motivata e positiva.

Promuove la responsabilità:

La coerenza è un'espressione della responsabilità. Quando ti impegni ad azioni coerenti, ti ritieni responsabile delle tue scelte e comportamenti.

In sintesi, il potere della coerenza risiede nella sua capacità di modellare le abitudini, costruire slancio, favorire la disciplina e contribuire al successo a lungo termine. Prendendo un impegno per azioni coerenti e positive, gli individui possono ottenere un cambiamento significativo e duraturo in vari aspetti della loro vita.

A. Stabilire una routine

Stabilire una routine è un modo potente per portare struttura e coerenza alla tua vita quotidiana. Le routine aiutano a gestire il tempo in modo efficace, ridurre l'affaticamento delle decisioni e creare un quadro per incorporare abitudini positive. Ecco una guida passo-passo su come stabilire una routine:

Definisci i tuoi obiettivi e le tue priorità:

Identifica i tuoi obiettivi a breve e lungo termine. Comprendere le tue priorità ti consente di strutturare la tua routine attorno alle attività che si allineano con i tuoi obiettivi.

Valuta il tuo programma attuale:

Valuta il tuo attuale programma giornaliero. Identifica routine, impegni e blocchi di tempo esistenti. Questa valutazione fornisce approfondimenti sui modelli quotidiani e aiuta a identificare le aree per il miglioramento.

Imposta aspettative realistiche:

Sii realistico riguardo ai tuoi vincoli di tempo e di energia. Evita di sovraccaricare il tuo programma, poiché ciò può portare al burnout. Stabilisci obiettivi realizzabili e stabilisci una routine che ospita le tue responsabilità e le tue priorità.

Dai la priorità alla cura di sé:

Dai la priorità alle attività di auto-cura come sonno adeguato, alimentazione ed esercizio fisico. Assicurati che la tua routine includa tempo per attività che contribuiscono al tuo benessere fisico e mentale.

Crea un programma giornaliero:

Sviluppa un programma giornaliero che delinea le tue attività dalla mattina alla sera. Includi blocchi di tempo specifici per lavoro, sviluppo personale, pasti, esercizio fisico e rilassamento. Una rappresentazione visiva ti aiuta a vedere come è strutturata la tua giornata.

Inizia in piccolo e costruisci gradualmente:

Se non sei abituato a una routine strutturata, inizia in piccolo e crea gradualmente nel tempo. Introdurre una o due nuove abitudini o attività alla volta per rendere più gestibile l'adeguamento.

Stabilire un wake-up e tempi di letto coerenti:

Impostare coerenti routine di risveglio e di coricarsi. Avere un programma di sonno regolare aiuta a regolare l'orologio interno del tuo corpo e migliora la qualità generale del sonno.

Includi il tempo del buffer:

Consentire il tempo di buffer tra le attività per ospitare ritardi o transizioni impreviste. Questo aiuta a prevenire lo stress e consente un flusso più fluido durante il giorno.

Determina i blocchi di messa a fuoco:

Identificare blocchi di tempo specifici per il lavoro mirato o il lavoro profondo. Dedica periodi ininterrotti per affrontare compiti importanti, minimizzando le distrazioni durante questi blocchi di messa a fuoco.

Incorporare pause:

Integra brevi rotture nella tua routine per ricaricare. Le pause sono essenziali per mantenere la produttività e prevenire il burnout. Prendi in considerazione attività come allungamento, camminare o fare qualche momento per la respirazione profonda.

Includi il tempo per la riflessione:

Assegnare il tempo per la riflessione o il journaling. Riflettendo sui tuoi obiettivi, risultati e sfide migliorano l'autocoscienza e consente un miglioramento continuo.

Compiti simili batch:

Gruppo compiti simili insieme per aumentare l'efficienza. Le attività di batching riducono il carico cognitivo associato al passaggio da diversi tipi di compiti.

Resta flessibile:

Mentre le routine forniscono struttura, è importante rimanere flessibili. La vita può essere imprevedibile ed essere adattabili ti consente di regolare la tua routine, quando necessario, senza sentirti sopraffatto.

Comunicare la tua routine:

Comunicare la tua routine a coloro che potrebbero esserne colpiti, come familiari o colleghi. Questa trasparenza aiuta a gestire le aspettative e promuove la comprensione.

Valutare e regolare regolarmente:

Valuta regolarmente l'efficacia della tua routine. Valuta se si allinea con i tuoi obiettivi, se sono necessari aggiustamenti e se determinate attività devono essere aggiunte o rimosse.

Sii paziente e persistente:

Stabilire una routine richiede tempo e persistenza. Sii paziente con te stesso mentre ti adatti alla nuova struttura e rimani persistente nel tuo impegno per le abitudini positive e la coerenza.

Ricorda che le routine sono personali e dovrebbero essere adattate alle tue esigenze e preferenze uniche. Praticare costantemente la tua routine aiuta a diventare una parte naturale della tua vita quotidiana, contribuendo ad aumentare la produttività, il benessere e il raggiungimento dei tuoi obiettivi.

B. Rituali giornalieri per il successo

I rituali quotidiani possono svolgere un ruolo significativo nel promuovere il successo creando una routine strutturata e mirata. Ecco alcuni rituali quotidiani che le persone di successo spesso incorporano nella loro vita:

La routine del mattino:

Svegliati presto: molte persone di successo attribuiscono parte del loro successo al risveglio presto, fornendo tempo extra per la riflessione e la preparazione.

Idratazione e nutrizione: inizia la giornata con un bicchiere d'acqua per idratare il corpo. Prendi in considerazione una colazione nutriente per alimentare la tua energia per la giornata.

Mindfulness and Reflection:

Meditazione o consapevolezza: incorporare alcuni minuti di meditazione o consapevolezza per dare un tono positivo per la giornata. Concentrati sul respiro e coltiva una mentalità calma e centrata.

Journaling: scrivi i tuoi pensieri, obiettivi e intenzioni per la giornata. Riflettere sulle tue priorità può portare chiarezza e scopo.

Esercizio fisico:

Esercizio mattutino: impegnarsi in attività fisica per aumentare i livelli di energia e migliorare il benessere generale. Ciò potrebbe includere un allenamento, yoga o una camminata vivace.

Dai la priorità alle attività più importanti (MIT):

Priorità delle attività: identificare e dare la priorità alle attività più importanti che devi svolgere durante il giorno. Concentrati sul completamento di questi compiti prima di affrontare attività meno critiche.

Apprendimento e sviluppo personale:

Lettura o apprendimento: dedicare tempo alla lettura o all'apprendimento. Le persone di successo spesso dedicano tempo ogni giorno all'acquisizione di nuove conoscenze e competenze.

Blocchi di lavoro e pause:

Blocco del tempo: organizza la tua giornata lavorativa in blocchi di tempo focalizzati. Assegnare periodi specifici per compiti e interagirli con brevi pause per mantenere la produttività.
Pasti sani e idratazione:

Pasti nutrienti: pianifica e goditi i pasti sani durante il giorno per sostenere livelli di energia prolungati. Rimani idratato regolarmente dall'acqua potabile.

Networking and Relationship Building:

Connettiti con gli altri: prenditi del tempo per contattare colleghi, mentori o contatti del settore. Costruire e mantenere relazioni professionali è fondamentale per il successo.

Revisione degli obiettivi quotidiani:

Rivedi gli obiettivi: riflette sui tuoi obiettivi a breve e lungo termine. Valuta i progressi, celebra i risultati e apporta tutti gli aggiustamenti necessari per rimanere in pista.

Routine da sera in giù:

Digital Detox: disconnettersi da schermi e dispositivi elettronici almeno un'ora prima di coricarsi. Questo promuove una migliore qualità del sonno.

Pratica di gratitudine: coltiva un senso di gratitudine riflettendo su aspetti positivi della giornata. Questa pratica può migliorare il benessere generale.

Sonno di qualità:

Stabilisci una routine del sonno: crea una routine costante per la buona notte per segnalare al tuo corpo che è il momento di rilassarsi. Punta per 7-9 ore di sonno di qualità ogni notte.

Visualizzazione e affermazioni:

Visualizzazione: trascorre qualche minuto a visualizzare i tuoi obiettivi e il tuo successo. Immagina di raggiungere le tue aspirazioni.

Affermazioni: utilizzare affermazioni positive per rafforzare una mentalità sicura e ottimista.

Calendario e pianificazione digitale:

Programma di revisione: controlla il tuo calendario digitale e pianifica il giorno successivo. Questo ti aiuta a iniziare la mattina con una chiara comprensione del tuo programma.

Tecniche di rilassamento graduate:

Tecniche di rilassamento: incorporare pratiche di rilassamento come la respirazione profonda o il rilassamento muscolare progressivo per gestire lo stress e promuovere la calma.

Connettiti con i propri cari:

Tempo di qualità: trascorrere del tempo con la famiglia o gli amici. Costruire e nutrire connessioni personali contribuisce alla felicità e al successo complessivi.

È importante notare che ciò che funziona per una persona potrebbe non funzionare per un'altra. Adatta questi rituali per adattarsi al tuo stile di vita e alle tue preferenze. La coerenza è la chiave: l'implementazione di questi rituali quotidianamente può contribuire a uno stile di vita positivo e di successo nel tempo.

C. Superamento delle sfide e battute d'arresto

Superare le sfide e le battute d'arresto è una parte inevitabile della vita e il modo in cui rispondi svolge un ruolo cruciale nel tuo sviluppo personale e professionale. Qui ci sono strategie per navigare e superare le sfide in modo efficace:

Mantenere una mentalità positiva:

Coltivare una mentalità positiva che considera le sfide come opportunità di crescita. Invece di soffermarsi su battute d'arresto, concentrati su ciò che puoi imparare dall'esperienza e su come può contribuire al tuo sviluppo personale.

Abbraccia una mentalità di crescita:

Adotta una mentalità di crescita, che vede le sfide come una parte naturale del processo di apprendimento. Comprendi che le capacità e l'intelligenza possono essere sviluppate attraverso lo sforzo e la perseveranza.

Rompi le sfide in passaggi più piccoli:

Abbattere sfide più grandi in passaggi più piccoli e gestibili. Questo approccio rende il compito meno schiacciante e ti consente di affrontarlo sistematicamente.

Imposta aspettative realistiche:

Imposta aspettative realistiche per te stesso. Sii consapevole dei tuoi limiti e riconosci che le battute d'arresto sono una parte normale di qualsiasi viaggio. Regola le tue aspettative, se necessario, e concentrati sul progresso piuttosto che sulla perfezione.

Impara dalle battute d'arresto:

Visualizza battute d'arresto come preziose esperienze di apprendimento. Identifica i fattori che hanno contribuito alla sfida e considera come applicare queste lezioni a situazioni future. L'apprendimento continuo è una componente chiave della resilienza.

Cerca un feedback:

Contatta mentori, colleghi o amici per feedback e consigli. Le prospettive esterne possono offrire approfondimenti e soluzioni alternative alle sfide che stai affrontando.

Sviluppare capacità di risoluzione dei problemi:

Migliora le tue capacità di risoluzione dei problemi affrontando le sfide con una mentalità sistematica e analitica. Rompi il problema nei suoi componenti, considera potenziali soluzioni e scegli il corso di azione più efficace.

Costruisci un sistema di supporto:

Circondati di una rete di supporto di amici, familiari, colleghi o mentori. Avere persone su cui appoggiarsi durante tempi impegnativi fornisce supporto emotivo e prospettive diverse.

Praticare la resilienza:

La resilienza è la capacità di riprendersi dalle avversità. Sviluppa la resilienza riconoscendo le tue emozioni, mantenendo un senso dell'umorismo e concentrandosi su soluzioni piuttosto che soffermarsi sui problemi.

Rimani flessibile e adattati:

Sii flessibile nel tuo approccio alle sfide. A volte, eventi inaspettati richiedono un cambiamento nella strategia. L'adattabilità è una preziosa abilità nel navigare nelle incertezze della vita.

Festeggia piccole vittorie:

Festeggia anche piccole vittorie lungo la strada. Riconoscendo e apprezzando i tuoi progressi, non importa quanto incrementale aumenta la tua fiducia e motivazione per andare avanti.

Mantenere uno stile di vita sano:

Dai la priorità al tuo benessere fisico e mentale. L'esercizio fisico regolare, una dieta equilibrata e un sonno sufficiente contribuiscono alla resilienza generale e alla tua capacità di far fronte alle sfide.

Battute d'arresto come opportunità di reinvenzione:

Utilizzare battute d'arresto come opportunità di reinvenzione. Valuta se ci sono aree nella tua vita o lavoro che possono essere migliorate o trasformate. A volte, le sfide portano a soluzioni innovative e nuove direzioni.

Concentrati su ciò che puoi controllare:

Concentrati sugli aspetti della situazione che puoi controllare. Cercare di controllare i fattori oltre la tua influenza può essere controproducente. Dirigi la tua energia verso passaggi attuabili.

Persistere e perseverare:

La persistenza è la chiave quando si supera le sfide. Persevera attraverso le difficoltà, mantieni il tuo impegno per i tuoi obiettivi e ricorda che le battute d'arresto sono temporanee.

Ricorda che il superamento delle sfide è un'abilità che si sviluppa con la pratica. Avvicinandosi alle sfide con una mentalità positiva, imparando dalle esperienze e cercando supporto quando necessario, puoi navigare in modo efficace ed emergere più forte dall'altra parte.

Vii. Costruire abitudini positive

Costruire abitudini positive è un processo trasformativo che coinvolge azioni coerenti e intenzionali per migliorare gli aspetti della tua vita. Ecco alcuni passaggi per aiutarti a stabilire e mantenere abitudini positive:

Definire obiettivi chiari e specifici:

Definisci chiaramente gli obiettivi associati all'abitudine positiva che si desidera costruire. Rendi i tuoi obiettivi specifici, misurabili, realizzabili, pertinenti e legati al tempo (intelligenti) per fornire una direzione chiara.

Inizia in piccolo:

Inizia con piccoli passi gestibili. A partire da modifiche modeste rende più facile integrare nuovi comportamenti nella tua routine, riducendo la probabilità di sentirsi sopraffatti.

Crea un trigger o un segnale:

Associa la tua nuova abitudine a una routine esistente o a un segnale specifico. Questo aiuta ad ancorare l'abitudine a un contesto familiare e rende più facile ricordare di eseguire il comportamento.

Imposta un programma:

Stabilisci un programma coerente per la tua abitudine. La coerenza è la chiave per la formazione di abitudini e avere un tempo specifico dedicato al comportamento rafforza la sua importanza.

Usa il impilamento dell'abitudine:

Abbina la tua nuova abitudine a una esistente. Questo è noto come Stacking Habit, in cui collega il nuovo comportamento a un'abitudine che hai già. Ad esempio, se vuoi stabilire una routine di stretching, fallo subito dopo aver spazzolato i denti al mattino.

Monitora il progresso:

Tieni traccia dei tuoi progressi. Usa un diario, un'app o qualsiasi altro metodo di tracciamento per monitorare la coerenza e celebrare le piccole vittorie lungo la strada.

Partner di responsabilità:

Condividi i tuoi obiettivi con un amico o un familiare che può agire come partner di responsabilità. Avere qualcuno a cui supportare e incoraggiarti aumenta la probabilità di attenersi alle tue abitudini positive.

Promemoria visiva:

Crea promemoria visiva nel tuo ambiente. Pubblica note, usa cuscinetti adesivi o imposta promemoria digitale per tenere la tua abitudine.

Festeggia le pietre miliari:

Celebra le pietre miliari e i risultati. Riconoscere i tuoi progressi, grandi o piccoli, rafforza il comportamento positivo e ti motiva a continuare.

Resta coerente:

La coerenza è cruciale per la formazione dell'abitudine. Anche nei giorni in cui è impegnativo, sforzati di mantenere l'abitudine. La coerenza aiuta a solidificare il comportamento come parte di routine della tua vita.

Adatta alle sfide:

Anticipa le sfide e preparati ad adattarsi. La vita è dinamica e possono sorgere ostacoli. Sviluppa strategie per navigare in battute d'arresto e regolare l'approccio secondo necessità.

Incorporare il divertimento:

Rendi divertente la tua abitudine. Trova modi per rendere il comportamento positivo più divertente o gratificante. Quando associa il piacere all'abitudine, è più probabile che ne attesti.

Rifletti e regola:

Valuta regolarmente la tua abitudine e il suo impatto sulla tua vita. Rifletti sul fatto che il comportamento si allinei con i tuoi obiettivi e valori. Se sono necessarie aggiustamenti, sii disposto a modificare il tuo approccio.

Costruisci un ambiente che forma abitudine:

Modella il tuo ambiente per supportare la tua abitudine positiva. Crea uno spazio che semplifica il comportamento e riduce al minimo gli ostacoli.

Pazienza e perseveranza:

Le abitudini di costruzione richiedono tempo. Sii paziente con te stesso e rimani impegnato nel processo. Perseverare attraverso le sfide e capire che formare abitudini positive è un viaggio.

Ricorda, costruire abitudini positive è un processo graduale e le battute d'arresto sono normali. Lo sforzo costante, la pazienza e una mentalità positiva contribuiscono al successo a lungo termine nella formazione dell'abitudine.

A. Identificazione delle abitudini target per il successo

L'identificazione delle abitudini target per il successo comporta la selezione di comportamenti o azioni specifiche che, se praticamente praticate, contribuiscono ai tuoi obiettivi personali e professionali. Ecco alcuni passaggi per aiutarti a identificare le abitudini target per il successo:

Chiarisci i tuoi obiettivi:

Inizia chiarendo i tuoi obiettivi a breve e lungo termine. Le tue abitudini dovrebbero allinearsi con questi obiettivi. Definisci chiaramente l'aspetto del successo in varie aree della tua vita, come carriera, salute, relazioni e sviluppo personale.

Dai la priorità agli obiettivi:

Dai la priorità ai tuoi obiettivi in base al loro significato e impatto. Identifica gli obiettivi che, se raggiunti, avrebbero l'influenza più positiva sul tuo successo e benessere complessivi.

Abbattere gli obiettivi in abitudini:

Abbattere ogni obiettivo in abitudini più piccole e attuabili. Considera i comportamenti o le azioni specifiche che, se praticamente praticate, contribuiranno al raggiungimento dell'obiettivo più ampio.

Considera le abitudini di Keystone:

Le abitudini di Keystone sono comportamenti potenti che possono portare allo sviluppo di altre abitudini positive. Identifica le abitudini di Keystone che, se stabilite, possono avere un effetto a catena positivo su altri aspetti della tua vita.

Valuta le abitudini attuali:

Valuta le tue abitudini e comportamenti attuali. Identifica le abitudini che supportano i tuoi obiettivi e quelle che potrebbero ostacolare i tuoi progressi. La valutazione delle abitudini esistenti fornisce informazioni su aree in cui potrebbero essere necessarie aggiustamenti.

Concentrati su abitudini ad alto impatto:

Identifica le abitudini con un grande impatto sul tuo successo. Questi sono comportamenti che, se praticamente praticati, producono risultati significativi. Dai la priorità a queste abitudini ad alto impatto nella tua routine quotidiana.

Considera l'abitudine:

Comprendi l'abitudine, che consiste in una stecca, di routine e ricompensa. Identifica segnali che innescano le abitudini esistenti e considera come è possibile creare un ciclo di abitudine positivo per le tue abitudini target.

Allinea con i valori fondamentali:

Assicurati che le tue abitudini target si allineino con i valori fondamentali. Le abitudini che risuonano con i tuoi valori hanno maggiori probabilità di essere significative e sostenibili a lungo termine.

Concentrati sul comportamento, non sul risultato:

Sposta l'attenzione dagli obiettivi basati sui risultati agli obiettivi basati sul comportamento. Concentrati sulle azioni specifiche necessarie per intraprendere quotidianamente piuttosto che esclusivamente sul risultato finale. Comportamenti positivi coerenti portano a risultati positivi.

Considera la salute e il benessere:

Includi le abitudini che danno la priorità alla salute fisica e mentale. Una base di benessere migliora la tua capacità generale di avere successo in altre aree della tua vita.

Conto per il saldo della vita lavorativa:

Sforzati di equilibrio nelle tue abitudini. Considera le abitudini che contribuiscono al successo sia nella tua vita professionale che personale. L'equilibrio è essenziale per il successo e il benessere prolungati.

Pensa a lungo termine:

Considera la sostenibilità a lungo termine delle tue abitudini. Scegli comportamenti che puoi mantenere realisticamente per un periodo prolungato. Evita le abitudini che possono portare al burnout o non sono allineate con il tuo stile di vita.

Cerca input dagli altri:

Cerca input da mentori, colleghi o amici. Altri possono offrire preziose prospettive sulle abitudini che sono state efficaci per loro o fornire approfondimenti in aree in cui è possibile migliorare.

Sii flessibile e adattivo:

Sii aperto a regolare le tue abitudini in base alle mutevoli circostanze o feedback. Flessibilità e adattabilità sono qualità importanti nella formazione di abitudini di successo.

Impegnati al miglioramento continuo:

Abbraccia una mentalità di miglioramento continuo. Valuta e perfeziona regolarmente le tue abitudini in base ai tuoi obiettivi e priorità in evoluzione.

L'identificazione delle abitudini target per il successo richiede una considerazione ponderata e un approccio strategico. Allineando le tue abitudini con i tuoi obiettivi, valori e benessere, puoi creare una base per il successo e la crescita personale.

B. Progressione graduale e piccole vittorie

Progressione graduale e celebrazione di piccole vittorie sono componenti essenziali per la costruzione di abitudini positive e il raggiungimento del successo a lungo termine. Ecco perché questi concetti sono cruciali e come puoi incorporarli nel tuo viaggio:

La progressione graduale porta a un cambiamento sostenibile:

La progressione graduale prevede di apportare piccole e incrementali cambiamenti nel tempo. Questo approccio è più sostenibile e ti consente di costruire abitudini senza sentirti sopraffatto.

Adattamento comportamentale:

È più probabile che il tuo cervello si adatti a cambiamenti graduali. Introducendo lentamente nuovi comportamenti, dai al tuo cervello il tempo di adattarsi, rendendo più facile l'integrazione di tali comportamenti nella tua routine.

Evitare il travolgente:

Fare cambiamenti drastici può portare a sopraffare e burnout. La progressione graduale minimizza lo stress e consente di adattarti a nuove abitudini a un ritmo adatto al tuo stile di vita.

Costruire la fiducia:

Il raggiungimento di piccole pietre miliari attraverso una graduale progressione crea fiducia. Il successo in piccoli passi rafforza la convinzione di poter apportare cambiamenti positivi, aumentando la motivazione.

Miglioramento incrementale:

Nel corso del tempo, piccoli cambiamenti si aggravano per creare un miglioramento significativo. L'effetto cumulativo di progressi coerenti e incrementali porta a risultati positivi sostanziali.

Le piccole vittorie aumentano la motivazione:

La celebrazione di piccole vittorie offre un rinforzo positivo immediato. Questo senso di realizzazione aumenta la tua motivazione e ti incoraggia a continuare a lavorare per i tuoi obiettivi.

Promuove una mentalità positiva:

Riconoscere e celebrare le piccole vittorie promuove una mentalità positiva. Sposta la tua attenzione da ciò che non hai raggiunto a ciò che hai realizzato, creando una prospettiva più ottimistica.

Costruisce slancio:

Le piccole vittorie creano slancio. Raggiungere il successo, anche in compiti minori, ti spinge in avanti e rende più facile affrontare obiettivi più impegnativi.

Stabilisce un ciclo di abitudini:

Celebrarsi di piccole vittorie costituisce un ciclo di abitudini. La ricompensa e il rinforzo positivo associato al raggiungimento di un compito rafforzano il ciclo dell'abitudine, rendendo più probabile che ripeti il comportamento.

Riduce la procrastinazione:

Abbattere obiettivi più grandi in compiti più piccoli e gestibili con piccole vittorie corrispondenti riduce la probabilità di procrastinazione. Il senso di realizzazione ti motiva ad andare avanti.

Fornisce feedback:

Le piccole vittorie forniscono preziosi feedback sui tuoi progressi. Ti aiutano a valutare ciò che funziona bene, ciò che richiede l'adeguamento e come puoi perfezionare il tuo approccio andando avanti.

Aumenta la resilienza:

La celebrazione regolarmente delle piccole vittorie contribuisce alla tua resilienza. Rafforza la tua capacità di superare le sfide e le battute d'arresto, rendendo più facile rimbalzare dalle difficoltà.

Migliora il divertimento del processo:

Celebrare piccole vittorie rende divertente il viaggio. Aggiunge un senso di divertimento e realizzazione al processo di costruzione di abitudini, rendendoti più propensi a rimanere con i tuoi comportamenti positivi.

Incorporare progressione graduale e piccole vittorie:

Stabilisci obiettivi realistici:

Definire obiettivi realistici e realizzabili che possono essere suddivisi in compiti più piccoli. Questo pone le basi per la progressione graduale.

Break Down Attività:

Abbattere obiettivi più grandi in passaggi gestibili. Concentrati sul completamento di ogni passaggio prima di passare al prossimo, celebrando piccole vittorie lungo la strada.

Stabilire pietre miliari:

Identifica le pietre miliari che segnano i tuoi progressi. Questi potrebbero essere settimanali, mensili o basati su risultati specifici. Celebra ogni pietra miliare per riconoscere il tuo successo.

Crea un sistema di premi:

Sviluppa un sistema di premi per te stesso. Concediti qualcosa di divertente o riconosci i tuoi risultati in modo significativo quando raggiungi una piccola vittoria.

Mantieni un diario di progresso:

Mantieni un diario di avanzamento per documentare il tuo viaggio. Registra le tue piccole vittorie e rifletti su come contribuiscono ai tuoi obiettivi generali.

Condividi:

Condividi i tuoi risultati con gli altri. Celebrarsi di piccole vittorie con amici, familiari o colleghi aggiunge una componente sociale che migliora il rinforzo positivo.

Adatta e adatta:

Sii flessibile nel tuo approccio. Se incontri sfide, regola la tua strategia e celebra la tua capacità di adattarsi e trovare soluzioni.

Ricorda, il viaggio verso il successo è una serie di piccoli passi. Abbraccia una progressione graduale, celebra le tue piccole vittorie e goditi il processo di costruzione di abitudini positive che portano a un successo a lungo termine.

C. Tracciamento e misurazione del progresso

Il monitoraggio e la misurazione dei progressi è un aspetto cruciale dello sviluppo personale e professionale. Fornisce approfondimenti sui tuoi risultati, ti aiuta a rimanere motivato e consente aggiustamenti alle tue strategie. Ecco alcuni modi efficaci per tracciare e misurare i progressi:

1. Stabilisci obiettivi chiari e misurabili:

Inizia stabilendo obiettivi chiari, specifici e misurabili. Definire l'aspetto del successo per ogni obiettivo, comprese metriche specifiche che possono essere monitorate.

2. Usa criteri intelligenti:

Assicurati che i tuoi obiettivi siano intelligenti: specifici, misurabili, realizzabili, pertinenti e legati al tempo. Questo framework fornisce un approccio strutturato alla definizione e alla misurazione degli obiettivi.

3. Abbattere gli obiettivi in pietre miliari:

Dividi obiettivi più grandi in traguardi più piccoli e realizzabili. Il monitoraggio dei progressi diventa più gestibile quando ti concentri sul completamento di compiti più piccoli che contribuiscono all'obiettivo generale.

4. Creare un piano di avanzamento:

Sviluppa un piano dettagliato che delinea i passaggi che devi adottare per raggiungere i tuoi obiettivi. Questo piano funge da tabella di marcia, guidando i tuoi sforzi e fornendo una base per monitorare i progressi.

5. Utilizzare le metriche delle prestazioni:

Identifica gli indicatori chiave di prestazione (KPI) o le metriche rilevanti per i tuoi obiettivi. Questi potrebbero includere dati quantitativi, come dati sulle vendite, tassi di completamento del progetto o risultati personali.

6. Stabilire le misurazioni di base:

Determina le misurazioni di base per comprendere il punto di partenza. Ciò fornisce un riferimento per il confronto dei progressi e la misura dell'impatto dei tuoi sforzi nel tempo.

7. Rivedere e riflettere regolarmente:

Pianifica revisioni regolari per riflettere sui tuoi progressi. Valuta ciò che è stato realizzato, quali sfide hai riscontrato e come puoi adattare il tuo approccio a risultati migliori.

8. Mantieni un diario di progresso:

Mantenere un diario o un registro di avanzamento. Documentare i tuoi risultati, le sfide e le lezioni apprese fornisce una registrazione tangibile del tuo viaggio e offre preziose approfondimenti.

9. Usa le tecniche di visualizzazione:

Visualizza i tuoi progressi usando grafici, grafici o altre rappresentazioni visive. Questo può essere un potente strumento motivazionale e ti aiuta a vedere tendenze o schemi nel tuo sviluppo.

10. Traccia le abitudini quotidiane o settimanali:

Se i tuoi obiettivi prevedono lo sviluppo di abitudini positive, tenere traccia delle prestazioni quotidiane o settimanali. Utilizzare app, riviste o calendari per monitorare la coerenza.

11. Cerca feedback:

Sollecitare feedback da mentori, colleghi o colleghi. Le prospettive esterne possono fornire preziose approfondimenti e ulteriori modi per misurare i tuoi progressi.

12. Celebra le piccole vittorie:

Riconosci e celebra piccole vittorie lungo la strada. Riconoscere i risultati, non importa quanto minori, rafforza il comportamento positivo e aumenta la motivazione.

13. Usa la tecnologia e le app:

Sfruttare la tecnologia e le app per il monitoraggio dei progressi. Esistono vari strumenti disponibili per la definizione degli obiettivi, il monitoraggio dell'abitudine e la misurazione delle prestazioni.

14. Aggiorna regolarmente i piani d'azione:

Rivedi e aggiorna i tuoi piani di azione secondo necessità. Man mano che le circostanze cambiano, potrebbe essere necessario regolare le tue strategie per rimanere sulla rotta.

15. Rimani adattabile:

Sii adattabile nel tuo approccio. Se alcuni metodi non stanno producendo i risultati previsti, sii disposto a apportare modifiche e sperimentare nuove strategie.

16. Festeggia le pietre miliari:

Imposta traguardi nella tua sequenza temporale e celebrali. Questi potrebbero essere risultati significativi che segnano il progresso e ti mantengono motivato.

17. Usa un approccio bilanciato della scorecard:

Per un monitoraggio più completo, prendi in considerazione l'utilizzo di un approccio bilanciato della scorecard, incorporando prospettive finanziarie, dei clienti, del processo interno e dell'apprendimento/crescita.

18. Benchmark contro gli obiettivi:

Confronta regolarmente i tuoi progressi effettivi rispetto agli obiettivi che hai fissato. Questo benchmarking ti aiuta a valutare se sei sulla buona strada o devi apportare modifiche.

19. Resta responsabile:

Stabilire meccanismi di responsabilità. Condividi i tuoi obiettivi e il progresso con altri che possono fornire supporto, incoraggiamento e feedback costruttivi.

20. Revisioni e valutazioni periodiche:

Condurre revisioni periodiche e valutazioni dei tuoi progressi complessivi. Ciò potrebbe comportare riflessioni trimestrali o annuali per valutare i tuoi risultati e fissare nuovi obiettivi.

Il monitoraggio e la misurazione dei progressi non solo ti tiene concentrato, ma fornisce anche informazioni preziose per il miglioramento continuo. Ti consente di celebrare i successi, imparare dalle sfide e prendere decisioni informate per ottimizzare il tuo percorso verso il successo.

Viii. Rompere le abitudini negative

La rottura delle abitudini negative può essere una sfida, ma con dedizione, consapevolezza e approcci strategici, è possibile sostituirle con comportamenti positivi. Ecco alcuni passaggi per aiutarti a rompere le abitudini negative:

1. Identifica l'abitudine negativa:

Identifica chiaramente l'abitudine negativa specifica che vuoi rompere. La consapevolezza è il primo passo per apportare cambiamenti significativi.

2. Comprendi i grilletti e i segnali:

Analizzare i trigger o i segnali che spingono l'abitudine negativa. Identifica le situazioni, le emozioni o gli ambienti che portano al comportamento che si desidera cambiare.

3. Valuta il sistema di ricompensa:

Esamina il sistema di ricompensa associato all'abitudine negativa. Comprendi quale soddisfazione o beneficio fornisce l'abitudine, poiché questa intuizione sarà cruciale per trovare alternative più sane.

4. Impostare obiettivi chiari e specifici:

Stabilire obiettivi chiari e specifici per rompere l'abitudine negativa. Definisci come appare il successo e imposta traguardi realizzabili lungo la strada.

5. Sostituire con alternative positive:

Identificare comportamenti positivi che possono sostituire le abitudini negative. Concentrati su azioni che soddisfano la stessa necessità o forniscono una ricompensa simile in modo più sano.

6. Inizia in piccolo:

Inizia con piccole modifiche gestibili. Il progresso graduale è spesso più sostenibile e ti aiuta a evitare di sentirti sopraffatto.

7. Utilizzare il ciclo del recatto di cue-routine:

Applicare il modello di loop di abitudine, che consiste in una stecca, di routine e ricompensa. Identificare l'indicazione che attiva l'abitudine negativa, sostituisci la routine con un comportamento positivo e mantieni la stessa o una ricompensa simile.

8. Crea un sistema di supporto:

Condividi il tuo obiettivo con un amico, un familiare o un mentore. Avere un sistema di supporto può fornire incoraggiamento, responsabilità e feedback costruttivo.

9. Utilizzare le tecniche di visualizzazione:

Visualizza te stesso rompere l'abitudine negativa e impegnarti in comportamenti positivi. La visualizzazione può migliorare la motivazione e rafforzare la convinzione che il cambiamento sia possibile.

10. Stabilire una routine:

Crea una nuova routine che supporti un comportamento positivo. La coerenza è la chiave, quindi rendi la nuova routine una parte regolare della tua vita quotidiana.

11. Rimuovere i trigger e le tentazioni:

Ridurre al minimo l'esposizione a trigger e tentazioni che portano ad abitudini negative. Modifica il tuo ambiente per renderlo favorevole a un comportamento positivo.

12. Pratica la consapevolezza:

Coltivare la consapevolezza per aumentare la consapevolezza dei tuoi pensieri e azioni. La consapevolezza può aiutarti a interrompere le risposte automatiche e fare scelte più intenzionali.

13. Traccia i tuoi progressi:

Tieni una registrazione dei tuoi sforzi e dei tuoi progressi. Il monitoraggio del tuo viaggio fornisce un modo tangibile per misurare il successo e identificare le aree per il miglioramento.

14. Festeggia piccole vittorie:

Riconosci e celebra ogni piccola vittoria. Celebraring Progress rafforza il comportamento positivo e ti motiva a continuare.

15. Cerca un aiuto professionale se necessario:

Se rompere un'abitudine negativa si rivela impegnativa, considera la ricerca di un aiuto professionale. Un terapeuta o un consulente può fornire assistenza e supporto.

16. Impara dalle battute d'arresto:

Comprendi che le battute d'arresto sono una parte naturale del processo. Invece di vederli come fallimenti, considerali come opportunità di apprendere e perfezionare il tuo approccio.

17. Sviluppare strategie di coping:

Identificare strategie di coping sane per affrontare lo stress, la noia o altre emozioni che possono innescare abitudini negative. Avere metodi alternativi per gestire le emozioni è cruciale.

18. Sii paziente e persistente:

Le abitudini di rottura richiedono tempo e persistenza. Sii paziente con te stesso, rimani impegnato nel processo e riconosci che il cambiamento è un viaggio graduale.

19. Rivalutare e regolare gli obiettivi:

Rivalutare periodicamente i tuoi obiettivi e regolarli se necessario. Man mano che fai progressi, potresti scoprire nuove intuizioni che richiedono modifiche al tuo approccio.

20. Costruisci una mentalità positiva:

Coltivare una mentalità positiva concentrandosi sui benefici della rottura delle abitudini negative. Abbraccia la credenza nella tua capacità di cambiare e crescere.

La rottura delle abitudini negative richiede la consapevolezza di sé, l'impegno e la volontà di sostituire i vecchi comportamenti con alternative più sane. Adottando un approccio proattivo e strategico, puoi superare con successo le abitudini negative e favorire il cambiamento positivo nella tua vita.

A. Riconoscere le abitudini dannose

Riconoscere le abitudini dannose è un passo cruciale per apportare cambiamenti positivi nella tua vita. L'identificazione di queste abitudini consente di affrontarle e lavorare verso alternative più sane. Ecco alcune strategie per aiutarti a riconoscere le abitudini dannose:

1. Autoriflessione:

Dedicare del tempo per l'autoriflessione. Considera le tue routine, i comportamenti e le risposte quotidiani a varie situazioni. Identificare i modelli che possono contribuire a risultati negativi.

2. Sii aperto al feedback:

Cerca feedback da amici, familiari o colleghi di fiducia. Altri possono fornire preziose prospettive su abitudini che potrebbero essere dannose ma potrebbero non essere immediatamente evidenti a te.

3. Journaling:

Tieni un diario per registrare i tuoi pensieri, sentimenti e azioni. Revisionare regolarmente il tuo diario può aiutarti a identificare temi e comportamenti ricorrenti che potrebbero essere dannosi.

4. Osservare i modelli emotivi:

Presta attenzione alle tue risposte emotive in diverse situazioni. Le abitudini dannose sono spesso legate ai trigger emotivi. Identifica istanze in cui reagiscono negativamente o si impegnano in comportamenti che potrebbero essere dannosi per il tuo benessere.

5. Educare te stesso:

Scopri le comuni abitudini dannose e le loro conseguenze. Comprendere i potenziali impatti negativi di alcuni comportamenti può renderti più consapevoli della loro presenza nella tua vita.

6. Valutare la salute fisica:

Valuta la salute fisica e lo stile di vita. Le abitudini dannose possono manifestarsi in vari modi, come una cattiva alimentazione, la mancanza di esercizio o un sonno inadeguato. Riconosci i modelli che possono essere dannosi per la tua salute.

7. Considera l'impatto sulle relazioni:

Valuta come le tue abitudini influiscono sulle tue relazioni. Le abitudini dannose possono sforzarsi di connessioni personali e professionali. Rifletti sul fatto che determinati comportamenti stiano causando tensione o influenzando negativamente coloro che ti circondano.

8. Identificare i modelli di procrastinazione:

Riconoscere i modelli di procrastinazione o evitamento. Queste abitudini possono ostacolare la crescita personale e professionale. Identificare le aree in cui si tende a procrastinare può aiutarti a risolvere i problemi sottostanti.

9. Monitorare l'uso di sostanze:

Sii consapevole della tua relazione con sostanze come alcol, nicotina o altre droghe. Il consumo eccessivo o malsano può essere un'abitudine dannosa che influisce negativamente sia sulla salute fisica che mentale.

10. Valuta la gestione del tempo:

Valuta come gestisci il tuo tempo. Le abitudini dannose possono manifestarsi come ritardo cronico, scarsa allocazione del tempo o mancanza di definizione delle priorità. Riconoscere i modelli che contribuiscono all'inefficienza e allo stress.

11. Considera le abitudini digitali:

Esamina le tue abitudini digitali, inclusi i tempi dello schermo, l'uso dei social media e i comportamenti online. Le abitudini digitali malsane possono avere un impatto sul benessere mentale e alla produttività.

12. Valutare i comportamenti finanziari:

Valuta le tue abitudini finanziarie. L'eccesso di spesa, l'acquisto di impulsi o la cattiva gestione finanziaria cronica possono essere dannosi a lungo termine. Riconoscere i modelli che possono contribuire allo stress finanziario.

13. Esamina il perfezionismo:

Riflettere sulle tendenze perfezionistiche. Lottare per l'eccellenza è positivo, ma il perfezionismo che porta allo stress cronico, alla paura del fallimento o alla procrastinazione può essere dannoso.

14. Notare il dialogo interiore negativo:

Presta attenzione al tuo discorso di sé. Il dialogo interiore negativo può essere un'abitudine dannosa che colpisce l'autostima e il benessere mentale. Identifica e sfida i modelli di pensiero negativi.

15. Valutare il confronto sociale:

Esamina le tendenze a confrontarti con gli altri. Confrontare costantemente con gli altri può portare a sentimenti di inadeguatezza e bassa autostima.

16. Valuta i modelli di sonno:

Valuta i tuoi schemi di sonno. Il sonno inadeguato o irregolare può contribuire a vari problemi di salute. Riconosci le abitudini che possono avere un impatto negativo sulla qualità del sonno.

17. Riconoscere il eccesso di eccesso:

Nota se hai l'abitudine di eccedere eccessiva. Assumere costantemente più di quanto puoi gestire può portare a burnout e stress.

18. Considera il maniaco del lavoro:

Esamina il tuo rapporto con il lavoro. Le tendenze maniache del lavoro possono avere un impatto negativo sul tuo equilibrio tra lavoro e vita privata, portando a stress e potenziali problemi di salute.

19. Rifletti sull'isolamento sociale:

Rifletti sulle abitudini relative all'isolamento sociale. Isolarti dalle connessioni sociali può avere effetti negativi sul benessere mentale ed emotivo.

20. Nota comportamenti di evasione:

Riconoscere le abitudini di evasione. L'uso di distrazioni o sostanze per sfuggire a problemi o emozioni può essere un meccanismo di coping dannoso.

Riconoscere le abitudini dannose richiede la consapevolezza di sé, l'onestà e la volontà di affrontare le aree della tua vita che potrebbero aver bisogno di miglioramenti. Mentre identifichi queste abitudini, puoi fare passi proattive per apportare cambiamenti positivi e promuovere uno stile di vita più sano.

B. Strategie per superare la resistenza al cambiamento

Superare la resistenza al cambiamento è una sfida comune nello sviluppo personale e organizzativo. Le persone spesso si sentono a proprio agio con il familiare e il cambiamento può evocare incertezza e paura. Ecco alcune strategie per aiutare a superare la resistenza al cambiamento:

1. Comunicare apertamente e trasparente:

Fornire comunicazioni chiare, aperte e trasparenti sui motivi del cambiamento. Affrontare le preoccupazioni, condividere i benefici e delineare l'impatto atteso. Quando le persone comprendono la logica dietro il cambiamento, è più probabile che siano di supporto.

2. Coinvolgere le parti interessate nel processo di cambiamento:

Includi le principali parti interessate nel processo decisionale. Quando gli individui hanno una voce nel cambiamento, hanno maggiori probabilità di provare un senso di proprietà ed essere investiti nel suo successo.

3. Crea una visione avvincente:

Dipingi un'immagine avvincente del futuro stato che il cambiamento mira a raggiungere. Aiuta le persone a vedere i risultati e i benefici positivi, promuovendo un senso di scopo e motivazione.

4. Affronta preoccupazioni e paure:

Riconoscere e affrontare apertamente le preoccupazioni e le paure. Crea uno spazio sicuro per le persone per esprimere le loro apprensioni e fornire rassicurazione o soluzioni per mitigare le loro preoccupazioni.

5. Fornire una formazione e risorse adeguate:

Assicurarsi che le persone abbiano la formazione e le risorse necessarie per adattarsi al cambiamento con successo. La fiducia nella loro capacità di navigare nella nuova situazione riduce la resistenza.

6. Celebrano piccole vittorie:

Riconosci e celebra piccole vittorie lungo la strada. Il riconoscimento del progresso rafforza il comportamento positivo e costruisce lo slancio per accettare cambiamenti maggiori.

7. Facilitare il dialogo aperto:

Incoraggia il dialogo e il feedback aperto. Crea forum per le persone per esprimere i loro pensieri, preoccupazioni e idee. Ascoltare attivamente le loro prospettive promuove un senso di inclusione.

8. Dimostrare il supporto alla leadership:

Il supporto alla leadership è cruciale. Quando i leader campiono visibilmente cambiano, invia un potente messaggio che l'organizzazione è impegnata nella nuova direzione.

9. Offrire incentivi e premi:

Fornire incentivi o premi per coloro che abbracciano il cambiamento. Il rinforzo positivo può motivare le persone a superare la resistenza e partecipare attivamente al processo di cambiamento.

10. Costruisci una coalizione di supporto:

Identificare e coinvolgere individui influenti che possono agire come campioni di cambiamento. Una coalizione di sostenitori può influenzare gli altri e dimostrare che il cambiamento ha un sostegno diffuso.

11. Enfatizzare l'apprendimento continuo:

Inquadra il cambiamento come opportunità per l'apprendimento e la crescita continui. Evidenzia l'acquisizione di nuove competenze ed esperienze che possono beneficiare delle persone nel loro sviluppo personale e professionale.

12. Usa programmi pilota o implementazione graduale:

Implementare le modifiche gradualmente o tramite programmi pilota. Questo approccio consente alle persone di regolare in modo incrementale, riducendo lo shock di una trasformazione improvvisa e completa.

13. Fornire supporto emotivo:

Riconoscere l'aspetto emotivo del cambiamento. Offri supporto attraverso coaching, consulenza o altre risorse per aiutare le persone a far fronte alle sfide psicologiche che derivano dal cambiamento.

14. Incoraggiare la collaborazione:

Promuovere una cultura collaborativa in cui gli individui lavorano insieme per adattarsi al cambiamento. Incoraggia il lavoro di squadra, gli obiettivi condivisi e il supporto reciproco per creare un ambiente di cambiamento positivo.

15. Mostra storie di successo:

Condividi storie di successo di individui o team che hanno abbracciato con successo il cambiamento. Esempi di vita reale possono ispirare gli altri e dimostrare che sono realizzabili risultati positivi.

16. Anticipare e indirizzare la resistenza in anticipo:

Identificare in modo proattivo potenziali fonti di resistenza e affrontarle all'inizio del processo di cambiamento. Comprendere le cause alla radice consente interventi mirati.

17. Usa gli agenti di cambiamento:

Identificare e potenziare gli agenti di cambiamento all'interno dell'organizzazione. Questi individui possono agire come influenzatori e sostenitori del cambiamento, aiutando a influenzare le opinioni e gli atteggiamenti.

18. Adottare una mentalità di crescita:

Incoraggiare una mentalità di crescita in cui le sfide sono considerate opportunità di apprendimento e miglioramento. Coltivare una cultura organizzativa che abbraccia l'adattabilità e la resilienza.

19. Fornire aggiornamenti regolari:

Tenere informati le persone sul progresso del cambiamento. Gli aggiornamenti regolari creano un senso di trasparenza e aiutano le persone a rimanere impegnate nel processo di cambiamento.

20. Sii paziente e persistente:

Il cambiamento richiede tempo. Sii paziente e persistente nel rafforzare i benefici e sostenere le persone durante la transizione. Lo sforzo continuo e un approccio positivo contribuiscono al successo a lungo termine.

Il superamento della resistenza al cambiamento richiede un approccio ponderato e completo che affronti gli aspetti pratici ed emotivi della transizione. Combinando strategie di comunicazione, supporto e coinvolgimento, le organizzazioni e gli individui possono navigare in modo più efficace.

C. Sostituire le abitudini negative con alternative positive

Sostituire le abitudini negative con alternative positive è una potente strategia per la crescita e il benessere personale. Ecco alcuni passaggi per aiutarti a sostituire le abitudini negative con comportamenti positivi:

1. Identifica l'abitudine negativa:

Identifica chiaramente l'abitudine negativa che vuoi cambiare. Sii specifico sul comportamento che si desidera sostituire con un'alternativa positiva.

2. Comprendi i trigger:

Identifica i trigger o i segnali che portano all'abitudine negativa. Comprendere ciò che richiede il comportamento è cruciale per l'implementazione di alternative positive.

3. Definire alternative positive:

Definire chiaramente comportamenti positivi che possono fungere da alternative alle abitudini negative. Scegli le azioni che si allineano con i tuoi obiettivi e contribuiscono al tuo benessere.

4. Stabilisci obiettivi chiari:

Stabilire obiettivi chiari e specifici per l'adozione dell'alternativa positiva. Definisci come appare il successo e imposta traguardi realizzabili.

5. Inizia in piccolo:

Inizia con piccole modifiche gestibili. Iniziare in piccolo rende il processo più raggiungibile e aiuta a creare fiducia nella tua capacità di apportare modifiche positive.

6. Utilizzare il ciclo di recatto di cue-routine:

Applicare il modello di loop di abitudine. Identificare l'indicazione che attiva l'abitudine negativa, sostituisci la routine con un comportamento positivo e mantieni la stessa o una ricompensa simile.

7. Crea un ciclo di abitudine positivo:

Stabilire un ciclo di abitudine positivo associando il comportamento positivo a un segnale e una ricompensa. Questo aiuta a rafforzare la nuova abitudine nel tempo.

8. Costruire coerenza:

La coerenza è la chiave per la formazione di abitudini. Impostare un programma coerente per la pratica dell'alternativa positiva per rafforzare il comportamento.

9. Visualizza il successo:

Visualizza te stesso adottare con successo l'alternativa positiva. Crea immagini mentali dei benefici e dei risultati positivi per migliorare la motivazione.

10. Cerca supporto sociale:

Condividi i tuoi obiettivi con amici, familiari o una rete di supporto. Avere una comunità di supporto può fornire incoraggiamento e responsabilità.

11. Monitora i tuoi progressi:

Tieni traccia dei tuoi progressi. Usa un diario, un'app o altri strumenti di tracciamento per monitorare la coerenza e celebrare le piccole vittorie.

12. Implementazione dell'abitudine:

Abbina il comportamento positivo con un'abitudine esistente (stacking dell'abitudine). Ciò rende più facile integrare il nuovo comportamento nella tua routine.

13. Utilizza tecniche di consapevolezza:

Pratica la consapevolezza per aumentare la consapevolezza dei tuoi pensieri e delle tue azioni. La consapevolezza può aiutarti a interrompere le risposte automatiche e fare scelte intenzionali.

14. Ricompensa te stesso:

Premiati quando adotti con successo il comportamento positivo. Il rinforzo positivo aiuta a rafforzare la connessione tra il comportamento e la ricompensa.

15. Stabilire la responsabilità:

Condividi i tuoi progressi con un partner di responsabilità che può fornire supporto e feedback. Sapere che qualcuno è consapevole dei tuoi obiettivi può migliorare l'impegno.

16. Indirizzo battute d'arresto positivamente:

Comprendi che le battute d'arresto sono una parte normale del cambiamento di comportamento. Invece di vederli come fallimenti, usa battute d'arresto come opportunità per imparare e regolare il tuo approccio.

17. Coltivare la pazienza:

Il cambiamento delle abitudini richiede tempo. Sii paziente con te stesso e riconosci che i progressi possono essere graduali. Concentrati sui cambiamenti positivi che stai apportando.

18. Rimuovere le tentazioni:

Ridurre al minimo l'esposizione ad ambienti o situazioni che innescano l'abitudine negativa. La creazione di un ambiente di supporto riduce la probabilità di recidiva.

19. Educare te stesso:

Scopri di più sui benefici del comportamento positivo. Comprendere l'impatto positivo può motivarti ulteriormente ad adottare e mantenere la nuova abitudine.

20. Rifletti e regola:

Rifletti regolarmente sul tuo viaggio e regola il tuo approccio secondo necessità. Sii aperto a perfezionare la tua strategia in base a ciò che funziona meglio per te.

Esempio: sostituire il fumo con l'esercizio
Abitudine negativa: fumo
Alternativa positiva: esercizio fisico
Cue: sentirsi stressati o fare una pausa
Routine: invece di fumare, impegnarsi in una routine a breve esercizio o fare una camminata vivace.
Ricompensa: sperimentare i benefici dell'esercizio fisico-alleviati dallo stress e all'umore.

Seguendo questi passaggi e personalizzandoli nella tua situazione specifica, è possibile sostituire efficacemente le abitudini negative con alternative positive e creare un cambiamento positivo duraturo nella tua vita.

Ix. Sfruttare la responsabilità e il supporto

Sfruttare la responsabilità e il supporto è una potente strategia per raggiungere obiettivi personali e professionali e sostenere abitudini positive. Ecco alcuni modi per utilizzare efficacemente la responsabilità e il supporto:

1. Stabilisci obiettivi chiari:

Definisci chiaramente i tuoi obiettivi. Sia che siano legati allo sviluppo personale, alla salute o al successo professionale, avere obiettivi ben definiti fornisce una chiara direzione per la responsabilità.

2. Condividi i tuoi obiettivi:

Comunica i tuoi obiettivi ad amici, familiari o colleghi fidati. La condivisione delle tue aspirazioni crea un senso di responsabilità poiché gli altri sono consapevoli delle tue intenzioni.

3. Trova un partner di responsabilità:

Identifica un partner di responsabilità che può supportarti nel raggiungere i tuoi obiettivi. Questa persona può essere un amico, un familiare, un mentore o un collega con cui fai il check -in regolarmente.

4. Stabilire check-in regolari:

Pianifica i check-in regolari con il tuo partner di responsabilità. Queste riunioni offrono opportunità per discutere progressi, sfide e adeguuamenti al tuo piano d'azione.

5. Usa la tecnologia:

Sfruttare la tecnologia per la responsabilità. Esistono app e piattaforme online progettate per aiutarti a tenere traccia dei tuoi obiettivi e condividere i progressi con una comunità o un gruppo di responsabilità.

6. Unisciti alle comunità di supporto:

Connettiti con persone affini unendo a gruppi o comunità che condividono i tuoi obiettivi. Sia online che di persona, queste comunità offrono incoraggiamento, consulenza ed esperienze condivise.

7. Partecipa alle sfide del gruppo:

Impegnati in sfide di gruppo o iniziative che si allineano con i tuoi obiettivi. Gli sforzi collettivi creano un senso di cameratismo e responsabilità condivisa.

8. Crea un gruppo di mente:

Formare un gruppo di mente con individui che hanno aspirazioni simili. Si incontrano regolarmente per discutere di obiettivi, condividere approfondimenti e fornire supporto reciproco e responsabilità.

9. Condividi i progressi pubblici:

Considera di condividere pubblicamente i tuoi progressi, come sui social media o su un blog. La responsabilità pubblica può motivarti a rimanere impegnato e ispirare gli altri nel processo.

10. Sistemi di ricompensa:

Implementa un sistema di ricompensa legata ai tuoi obiettivi. Condividi i tuoi premi con il tuo partner o gruppo di responsabilità, creando un ulteriore livello di motivazione e responsabilità.

11. responsabilità reciproca:

Promuovere una dinamica di responsabilità reciproca con il tuo partner o gruppo. Ogni persona ritiene responsabili gli altri, creando una rete di supporto.

12. Rifletti regolarmente sugli obiettivi:

Pianifica il tempo per la riflessione dell'obiettivo regolare. Valuta i tuoi progressi, celebra i risultati e identifica le aree per il miglioramento o l'adeguamento.

13. Utilizzare coaching o tutoraggio:

Prendi in considerazione la possibilità di lavorare con un allenatore o un mentore in grado di fornire assistenza, supporto e una prospettiva esterna sui tuoi obiettivi e progressi.

14. Tieniti responsabile:

Sviluppare un forte senso di responsabilità personale. Comprendi che, in definitiva, sei responsabile nei confronti di te stesso per i tuoi obiettivi e azioni.

15. Celebra insieme piccole vittorie:

Festeggia piccole vittorie con il tuo partner o gruppo di responsabilità. Il riconoscimento dei risultati promuove un'atmosfera positiva e rafforza l'impegno.

16. Discutere apertamente le sfide:

Sii aperto su sfide e battute d'arresto. Discutere di ostacoli con la tua rete di responsabilità consente un feedback e supporto costruttivi.

17. Stabilire conseguenze:

Prendi in considerazione la possibilità di stabilire conseguenze per non raggiungere i tuoi obiettivi. Mentre i premi possono essere motivanti, le conseguenze forniscono un ulteriore livello di responsabilità.

18. Regola gli obiettivi secondo necessità:

Sii disposto a regolare i tuoi obiettivi in base al feedback e alle circostanze mutevoli. La flessibilità è importante per mantenere la motivazione e il progresso.

19. Crea contratti di responsabilità:

Redigere contratti di responsabilità che delineano i tuoi obiettivi, impegni e conseguenze. Firma questi contratti con il tuo partner di responsabilità per formalizzare il tuo impegno.

20. Esprimi gratitudine:

Esprimi gratitudine al tuo partner o gruppo di responsabilità. Riconosci il loro supporto e celebra l'impatto positivo che hanno sul tuo viaggio.

La responsabilità e il supporto sono strumenti potenti per raggiungere il successo e sostenere abitudini positive. Impegnando attivamente con gli altri, condividendo i tuoi obiettivi e sfruttando varie forme di supporto, crei una rete che migliora la motivazione, fornisca una guida e contribuisca al tuo benessere generale.

A. Il ruolo dei partner di responsabilità

I partner di responsabilità svolgono un ruolo cruciale nello sviluppo personale e professionale fornendo supporto, motivazione e guida mentre le persone lavorano per i loro obiettivi. Ecco alcuni aspetti chiave del ruolo dei partner di responsabilità:

1. Supporto e incoraggiamento:

Supporto emotivo: i partner di responsabilità offrono supporto emotivo fornendo incoraggiamento, comprensione ed empatia. Diventano una fonte di motivazione sia durante i trionfi che per le sfide.

2. Prospettiva oggettiva:

Feedback esterno: i partner di responsabilità forniscono una prospettiva esterna sui tuoi obiettivi, azioni e progressi. La loro obiettività ti aiuta a ottenere approfondimenti e identificare le aree per il miglioramento.

3. Check-in regolari:

Monitoraggio coerente: i partner di responsabilità si impegnano in check-in regolari per valutare i tuoi progressi. Questi check-in servono come opportunità per discutere di successi, battute d'arresto e aggiustamenti al tuo piano d'azione.

4. Impostazione e chiarezza degli obiettivi:

Assistenza nella definizione degli obiettivi: i partner di responsabilità assistono nella definizione di obiettivi chiari e realizzabili. Possono aiutarti a perfezionare i tuoi obiettivi, garantendo che siano specifici, misurabili e allineati con la tua visione generale.

5. Risoluzione dei problemi:

La risoluzione collaborativa dei problemi: quando sorgono sfide, i partner di responsabilità collaborano con te per trovare soluzioni. Possono offrire strategie alternative, condividere esperienze o fornire risorse per aiutare a superare gli ostacoli.

6. Motivazione e ispirazione:

Fonte di motivazione: i partner di responsabilità fungono da forza motivazionale. Sapere che qualcuno è investito nel tuo successo può aumentare la tua determinazione e l'impegno per i tuoi obiettivi.

7. Feedback e riflessione:

Feedback costruttivo: i partner di responsabilità offrono un feedback costruttivo sulle tue azioni e decisioni. Questo feedback promuove un processo riflessivo, aiutandoti a valutare ciò che funziona bene e cosa può essere migliorato.

8. Responsabilità condivisa:

Responsabilità reciproca: i partner di responsabilità condividono la responsabilità del reciproco successo. Questa responsabilità reciproca crea una dinamica di supporto in cui entrambe le persone si impegnano a raggiungere i rispettivi obiettivi.

9. Celebra i risultati:

Celebrazione delle vittorie: i partner di responsabilità celebrano i tuoi risultati, non importa quanto piccolo. Il riconoscimento dei successi rafforza il comportamento positivo e incoraggia lo sforzo continuo.

10. Tenutere reciprocamente responsabili:

Impegno per la responsabilità: entrambe le parti si impegnano a trattenerne reciprocamente responsabili. Questo impegno stabilisce un quadro per la comunicazione regolare e il follow-through su azioni concordate.

11. Costruire coerenza:

Incoraggiare la coerenza: i partner di responsabilità ti aiutano a costruire e mantenere coerenza nei tuoi sforzi. I check-in e le discussioni regolari contribuiscono a un approccio coerente alla ricerca degli obiettivi.

12. Rinforzo positivo:

Rafforzare il comportamento positivo: i partner di responsabilità forniscono un rinforzo positivo per l'adesione al tuo piano d'azione e fare progressi. Questo rinforzo rafforza la connessione tra azioni positive e i loro premi associati.

13. Apprendimento condiviso:

Apprendimento insieme: i partner di responsabilità condividono le loro esperienze, approfondimenti e conoscenze. Questo processo di apprendimento collaborativo arricchisce sia la comprensione individuale di strategie efficaci che le migliori pratiche.

14. Obiettivi di regolazione:

Flessibilità nell'adeguamento degli obiettivi: se le circostanze cambiano o emergono nuove intuizioni, i partner di responsabilità aiutano ad adeguare gli obiettivi. La flessibilità garantisce che i tuoi obiettivi rimangano pertinenti e realizzabili.

15. Riservato e fiducia:

Mantenimento della fiducia: i partner di responsabilità sostengono la riservatezza e creano un ambiente di fiducia. Questa fiducia è essenziale per la comunicazione aperta e la condivisione di obiettivi e sfide personali.

16. Sfide motivazionali:

Zone di comfort stimolanti: i partner di responsabilità possono sfidarti a uscire dalla tua zona di comfort, incoraggiare la crescita e spingerti a esplorare nuove possibilità.

17. Allineamento dei valori:

Valori condivisi: è utile se i partner di responsabilità condividono valori e aspirazioni comuni. Questo allineamento promuove una comprensione più profonda degli obiettivi e delle motivazioni dell'altro.

18. Fornire risorse:

Condivisione delle risorse: i partner di responsabilità possono condividere risorse pertinenti, come articoli, libri o strumenti, per supportare lo sviluppo e migliorare la tua comprensione dell'argomento.

19. Promuovere l'impegno:

Promuovere l'impegno personale: i partner di responsabilità promuovono un senso di impegno personale nei confronti dei tuoi obiettivi. Questo impegno è rafforzato attraverso la comunicazione regolare, il feedback ed esperienze condivise.

20. Relazione a lungo termine:

Costruire connessioni a lungo termine: i partenariati di responsabilità possono estendersi oltre il raggiungimento di obiettivi specifici. Le connessioni a lungo termine consentono supporto e collaborazione continui in vari aspetti della crescita personale e professionale.

In sintesi, i partner di responsabilità fungono da alleati integrali nel perseguimento di obiettivi e abitudini positive. Attraverso il loro supporto, feedback e impegno condiviso, contribuiscono in modo significativo al successo e allo sviluppo individuale. La relazione è reciproca, con entrambe le parti che beneficiano del viaggio collaborativo verso il raggiungimento delle loro aspirazioni.

B. Creazione di un sistema di supporto

La creazione di un sistema di supporto è essenziale per la crescita personale, raggiungere gli obiettivi e navigare nelle sfide della vita. Ecco alcuni passaggi per creare un sistema di supporto efficace:

1. Identifica le tue esigenze:

Rifletti sui tuoi obiettivi personali e professionali, nonché sulle aree in cui potresti aver bisogno di assistenza o incoraggiamento. Comprendere le tue esigenze ti guiderà nella creazione di una rete di supporto adattata alle tue esigenze.

2. Contatta amici e familiari:

Inizia raggiungendo amici e familiari che sono di supporto e comprensivi. Queste persone possono offrire supporto emotivo, dare un orecchio in ascolto e fornire incoraggiamento durante i periodi difficili.

3. Unisciti ai gruppi di supporto:

Cerca gruppi di supporto o comunità relative ai tuoi interessi, hobby o sfide che stai affrontando. Sia online o di persona, i gruppi di supporto offrono cameratismo, esperienze condivise e preziose approfondimenti da parte di altri che possono relazionarsi con la tua situazione.

4. Cerca un aiuto professionale:

Prendi in considerazione la ricerca di supporto professionale da terapisti, consulenti o life coach. Questi professionisti offrono assistenza, prospettiva e strategie per gestire lo stress, superare gli ostacoli e raggiungere la crescita personale.

5. Trova mentori o modelli di ruolo:

Identifica mentori o modelli di ruolo che hanno raggiunto il successo nelle aree che aspiri ad eccellere. I mentori possono offrire consigli, condividere le loro esperienze e fornire preziose indicazioni per aiutarti a navigare nel tuo viaggio.

6. Costruisci relazioni positive:

Coltivare relazioni positive con individui che ti ispirano e ti ispirano. Circondati di persone che condividono i tuoi valori, aspirazioni e impegno per la crescita personale.

7. Sii aperto e vulnerabile:

Pratica l'apertura e la vulnerabilità con il tuo sistema di supporto. Condividi apertamente le tue sfide, paure e aspirazioni, permettendo agli altri di offrire empatia, comprensione e supporto.

8. Comunicare le tue esigenze:

Comunica chiaramente le tue esigenze e confini al tuo sistema di supporto. Fai sapere loro come possono supportarti al meglio e che tipo di assistenza o incoraggiamento stai cercando.

9. Offrire supporto in cambio:

Sii disposto a offrire supporto e incoraggiamento agli altri nella tua rete. I sistemi di supporto prosperano sulla reciprocità e contribuendo al benessere degli altri rafforza le tue relazioni e promuovono un senso di comunità.

10. Impegnarsi nell'ascolto attivo:

Pratica l'ascolto attivo quando interagisci con i membri del tuo sistema di supporto. Ascolta attentamente le loro preoccupazioni, sfide e risultati, offrendo empatia, validazione e feedback costruttivi.

11. Crea check-in regolari:

Stabilisci check-in regolari con i membri del tuo sistema di supporto. Pianifica il tempo per conversazioni significative, di persona, al telefono o tramite videochiamate, per rimanere in contatto e offrire supporto reciproco.

12. Celebra insieme i successi:

Celebra i successi e le pietre miliari con la tua rete di supporto. Riconoscere i risultati, non importa quanto piccoli ed esprimono gratitudine per l'incoraggiamento e l'assistenza che hai ricevuto lungo la strada.

13. Partecipa a seminari o seminari:

Partecipa a seminari, seminari o conferenze relative ai tuoi interessi o obiettivi. Questi eventi offrono opportunità per incontrare persone affini, espandere la tua rete e ottenere nuove prospettive.

14. Utilizza piattaforme online:

Esplora le piattaforme online e i gruppi di social media focalizzati sullo sviluppo personale, sulla crescita professionale o nelle aree di interesse specifiche. Interagisci con le comunità online per condividere esperienze, chiedere consigli e connettersi con altri in viaggi simili.

15. Pratica la cura di sé:

Dai la priorità alla cura di sé come parte del tuo sistema di supporto. Investi tempo ed energia in attività che nutrono il tuo benessere fisico, mentale ed emotivo, assicurandoti la resilienza per navigare nelle sfide della vita.

16. Rimani aperto a nuove connessioni:

Rimani aperto alla formazione di nuove connessioni e all'espansione della rete di supporto. Sii proattivo nel cercare persone che ti ispirano e si allineano con i tuoi valori e obiettivi.

17. Mantenere i confini:

Stabilire confini sani all'interno del tuo sistema di supporto per garantire che le relazioni rimangano reciprocamente vantaggiose e rispettose. Rispetta anche i confini degli altri, promuovendo una cultura di fiducia e rispetto reciproco.

18. Cerca la diversità nelle prospettive:

Cerca la diversità nelle prospettive all'interno del tuo sistema di supporto. Circondati di individui di diversi background, culture ed esperienze, arricchendo la tua comprensione e ampliando la tua visione del mondo.

19. Resta coerente nella comunicazione:

Mantenere una comunicazione coerente con la tua rete di supporto, anche durante i periodi di stabilità. L'interazione regolare rafforza i legami, promuove la fiducia e garantisce che il supporto sia prontamente disponibile quando necessario.

20. Esprimi gratitudine:

Esprimi gratitudine ai membri del tuo sistema di supporto per i loro contributi alla tua crescita e benessere. Mostra apprezzamento per il loro supporto, incoraggiamento e presenza nella tua vita.

Seguendo questi passaggi e coltivando attivamente il tuo sistema di supporto, crei una base di forza, resilienza e connessione che ti consente di superare le sfide, raggiungere i tuoi obiettivi e prosperare in tutti gli aspetti della tua vita.

C. Celebrando i successi insieme

Celebrare i risultati insieme è un aspetto significativo ed essenziale della costruzione di un ambiente positivo e di supporto all'interno della tua rete. Che si tratti di risultati personali, traguardi professionali o successi condivisi, celebra insieme rafforza le relazioni, aumenta il morale e promuove un senso di comunità. Ecco alcuni modi per celebrare i risultati insieme:

1. Organizzare un evento di celebrazione:

Pianifica un raduno o un evento per commemorare il risultato. Questa potrebbe essere una festa, una cena, un picnic o qualsiasi attività che si allinea agli interessi e alle preferenze delle persone coinvolte.

2. Ospita una celebrazione virtuale:

Se la vicinanza fisica è impegnativa, ospita una celebrazione virtuale utilizzando piattaforme di videoconferenza. Riunisci tutti online per condividere la gioia e l'eccitazione del risultato.

3. Crea una cerimonia di riconoscimento:

Progettare una cerimonia di riconoscimento formale o informale in cui gli individui sono riconosciuti per i loro contributi e risultati. Ciò può comportare la presentazione di certificati, premi o token di apprezzamento personalizzati.

4. Condividi i risultati sui social media:

Celebra i risultati condividendo le notizie sulle piattaforme di social media. Questo non solo riconosce l'individuo, ma consente anche agli altri della tua rete di unirsi alla celebrazione e offrire congratulazioni.

5. Invia note o messaggi personalizzati:

Scrivi note o messaggi personalizzati che esprimono le tue congratulazioni. Considera di evidenziare aspetti specifici del risultato che trovi impressionante o lodevole.

6. Crea un video collaborativo:

Collabora con gli altri nella tua rete per creare un video di congratulazioni. Ogni persona può condividere un breve messaggio e la raccolta può essere condivisa con la celebrazione dell'individuo o della squadra.

7. Organizzare un'attività di team building:

Incorporare un'attività di team building nella celebrazione. Questa potrebbe essere una gita divertente, un esercizio di team building o un progetto collaborativo che rafforza il senso di unità e cameratismo.

8. Fai regali premurosi:

Considera di fare regali ponderati per commemorare il risultato. Regali o oggetti personalizzati che hanno significato per l'individuo possono servire da promemoria duratura del risultato.

9. Ospita un pasto potluck o condiviso:

Organizza un pasto potluck o condiviso in cui tutti contribuiscono con un piatto. Rompere il pane insieme crea un senso di comunità e offre l'opportunità di celebrazione casuale.

10. Crea un libro di memoria o un album:

Compila un libro di memoria o un album che cattura il viaggio che porta al risultato. Includi foto, messaggi e ricordi che riflettono i progressi e il successo dell'individuo o del team.

11. Funzionalità nelle newsletter o nelle pubblicazioni:

Mostra il risultato nelle newsletter, nelle pubblicazioni dell'azienda o nei bollettini della comunità. Questo riconoscimento pubblico amplifica l'impatto della realizzazione e dimostra il suo significato.

12. Ospita un toast o applausi:

Solleva un brindisi o applausi in onore del risultato. Questo gesto semplice ma significativo può essere fatto di persona o praticamente, portando un senso di festività all'occasione.

13. Crea un muro di riconoscimento:

Stabilire un muro di riconoscimento o una tavola in cui i risultati vengono visualizzati in modo prominente. Questa rappresentazione visiva funge da continuo promemoria del successo all'interno della comunità.

14. Offri opportunità di sviluppo professionale:

Riconoscere i risultati fornendo opportunità di sviluppo professionale. Ciò potrebbe includere finanziamenti per la formazione, la partecipazione di conferenze o la partecipazione a seminari che si allineano con gli obiettivi individuali.

15. Facilitare una domanda e una sessione di condivisione delle conoscenze:

Organizza una sessione di domande e risposte o di condivisione delle conoscenze in cui l'individuo o il team possono condividere approfondimenti e lezioni apprese dal loro risultato. Ciò promuove l'apprendimento e promuove una cultura del miglioramento continuo.

16. Collabora su un progetto:

Collaborare a un nuovo progetto o iniziativa per capitalizzare lo slancio positivo generato dal risultato. Incanalare l'entusiasmo in un altro sforzo collettivo.

17. Crea un programma di riconoscimento:

Stabilire un programma di riconoscimento formale all'interno della tua comunità o organizzazione. Celebra regolarmente i risultati attraverso questo programma, garantendo che i risultati siano costantemente riconosciuti.

18. Tenere un ritiro di team building:

Prendi in considerazione l'organizzazione di un ritiro di team building per celebrare risultati significativi. Un ritiro offre l'opportunità di riflessione, rilassamento e legame di squadra in un ambiente diverso.

19. Invita oratori ospiti o influencer:

Migliora la celebrazione invitando oratori ospiti o influencer legati al campo del successo. Le loro intuizioni e presenza possono aggiungere un tocco speciale all'evento.

20. Incoraggiare la riflessione e la gratitudine:

Incoraggia le persone a riflettere sul loro viaggio ed esprimere gratitudine per il sostegno ricevuto. La condivisione delle riflessioni ed esprimere grazie un'atmosfera positiva e apprezzata.

Celebrarsi insieme non solo riconosce gli sforzi individuali, ma rafforza anche il senso di comunità e il successo collettivo. Crea un ciclo di feedback positivo, motivando le persone a continuare a lottare per l'eccellenza e contribuire al successo complessivo del gruppo.

X. Mindset Shift per il successo dell'abitudine

Un cambiamento di mentalità è un cambiamento fondamentale nel modo in cui ti avvicini e percepisci le abitudini. L'adozione della mentalità giusta è cruciale per il successo dell'abitudine, in quanto influenza i tuoi pensieri, comportamenti e approccio generale allo sviluppo personale. Ecco alcuni turni di mentalità chiave che possono contribuire al successo dell'abitudine:

1. Concentrati sul progresso, non sulla perfezione:

Sposta la mentalità dal mirare alla perfezione al valore di progresso. Comprendi che le abitudini sono costruite nel tempo e ogni passo avanti, non importa quanto piccola, sia una vittoria. Abbraccia il viaggio di miglioramento piuttosto che fissarsi sull'esecuzione impeccabile.

2. Abbraccia una mentalità di crescita:

Coltivare una mentalità di crescita, credendo che le tue capacità e intelligenza possano essere sviluppate attraverso la dedizione e il duro lavoro. Abbraccia le sfide come opportunità di apprendimento, vedere lo sforzo come un percorso per la padronanza e vedere battute d'arresto come parte naturale del processo di apprendimento.

3. Vedi le sfide come opportunità:

Cambia la tua prospettiva sulle sfide. Invece di vederli come ostacoli, vedi come opportunità di crescita e apprendimento. Il superamento delle sfide rafforza la tua resilienza e contribuisce allo sviluppo di abitudini positive.

4. Pratica di auto-compassione:

Sii gentile con te stesso e pratica l'auto-compassione. Comprendi che tutti affrontano battute d'arresto e lotte. Concediti la stessa gentilezza e incoraggiamento che offriresti a un amico. Festeggia i tuoi successi e sii paziente con te stesso nei momenti difficili.

5. Concentrati sulle abitudini, non su risultati:

Sposta l'attenzione dall'inseguimento esclusivamente dei risultati alla costruzione di abitudini sostenibili. Comprendi che le abitudini coerenti e positive sono le basi per il successo a lungo termine. Dare la priorità al processo, aumenti la probabilità di raggiungere i risultati desiderati.

6. Vedi battute d'arresto come opportunità di apprendimento:

Rifornisci le battute d'arresto come preziose opportunità di apprendimento. Analizza cosa è andato storto, identifica le aree per il miglioramento e usa battute d'arresto come feedback per regolare e perfezionare il tuo approccio alla formazione di abitudini.

7. Costruisci abitudini basate sull'identità:

Adotta una mentalità basata sull'identità, in cui allinei le tue abitudini con la persona che vuoi diventare. Invece di concentrarti esclusivamente su ciò che vuoi ottenere, considera chi vuoi essere. Le abitudini radicate nell'identità hanno maggiori probabilità di essere sostenute.

8. Sviluppa una relazione positiva con il cambiamento:

Abbraccia il cambiamento come forza positiva per la crescita. Piuttosto che temere il cambiamento, vederlo come un'opportunità per evolversi, adattarsi e creare una versione migliore di te stesso. Una mentalità che accoglie il cambiamento rende la formazione dell'abitudine più flessibile e dinamica.

9. Coltivare un atteggiamento positivo:

Promuovere un atteggiamento positivo nei confronti delle sfide e delle opportunità. Una mentalità positiva può influenzare la tua motivazione e perseveranza. Concentrati su ciò che puoi controllare, mantenere l'ottimismo e avvicinarsi alle abitudini con un atteggiamento da fare.

10. Valore coerenza sull'intensità:

Dai la priorità alla coerenza nelle tue abitudini rispetto agli sforzi sporadici e intensi. Riconoscere che piccole e regolari azioni si aggravano nel tempo e portano a risultati significativi. La coerenza costruisce lo slancio e rafforza il comportamento positivo.

11. Pratica la consapevolezza:

Sviluppa una mentalità consapevole, essendo pienamente presente e consapevole nel momento attuale. La consapevolezza può aiutarti a osservare le tue abitudini, comprendere i grilletti e fare scelte intenzionali, favorire una maggiore consapevolezza di sé nel tuo viaggio.

12. Visualizza gli ostacoli come temporanei:

Vedi gli ostacoli come sfide temporanee piuttosto che barriere insormontabili. Una mentalità che vede gli ostacoli come ostacoli che passa incoraggia la persistenza e la resilienza di fronte alle difficoltà.

13. Apprezzo il processo:

Apprezzare e trovare l'adempimento nel processo di formazione dell'abitudine. Comprendi che il viaggio è importante quanto la destinazione. Assaggiando le piccole vittorie e godendo del processo, crei un approccio positivo e sostenibile alla costruzione di abitudini.

14. Passa dal pensiero tutto o niente:

Allontanati dal pensiero tutto o niente, che può ostacolare il progresso. Riconoscere che la perfezione non è richiesta e le deviazioni occasionali dalle tue abitudini non cancellano il tuo successo complessivo. Adotta una mentalità flessibile che consente imperfezioni.

15. Crea un ambiente positivo:

Circondati di un ambiente positivo che supporta le tue abitudini. L'ambiente circostante può influenzare in modo significativo la tua mentalità. Organizza il tuo ambiente fisico e sociale per facilitare il successo delle abitudini desiderate.

16. Riconoscere e sfidare le credenze limitanti:

Identifica e sfida le convinzioni limitanti che possono ostacolare il successo dell'abitudine. Sostituisci il dialogo interiore negativo con affermazioni e credenze positive che ti consentono di superare le sfide e raggiungere i tuoi obiettivi.

17. Valorizza il viaggio tanto quanto la destinazione:

Apprezzo il viaggio della formazione di abitudini piuttosto che fissare esclusivamente al raggiungimento dei tuoi obiettivi. Ogni passo avanti contribuisce alla crescita personale e il processo stesso è parte integrante del tuo successo.

18. Dai priorità all'auto-miglioramento:

Coltivare una mentalità di continuo miglioramento personale. Vedi le abitudini come mezzo per migliorare il tuo benessere, abilità e conoscenza. Un impegno a una crescita in corso promuove un approccio positivo e lungimirante.

19. Celebra le piccole vittorie:

Festeggia e riconosci le piccole vittorie lungo la strada. Riconoscere i progressi, non importa quanto minori, rafforza il comportamento positivo e ti motiva a continuare a costruire sui tuoi successi.

20. Sii aperto all'adattamento:

Adottare una mentalità aperta all'adattamento e alla flessibilità. La vita è dinamica e le circostanze cambiano. Essere adattabili ti consente di regolare le tue abitudini in base alle esigenze e alle sfide in evoluzione.

Adottando questi turni di mentalità, è possibile creare un quadro mentale positivo e potenziante che supporti il tuo viaggio verso il successo dell'abitudine. Il modo in cui percepisci sfide, battute d'arresto e le tue capacità influenzano significativamente la tua capacità di costruire e mantenere abitudini positive.

A. Coltivare una mentalità di crescita

La coltivazione di una mentalità di crescita implica lo sviluppo della convinzione che le tue capacità e intelligenza possano essere sviluppate attraverso lo sforzo, l'apprendimento e la perseveranza. Questa mentalità, coniata dallo psicologo Carol S. Dweck, contrasta con una mentalità fissa, che presuppone che le abilità siano innate e immutabili. Ecco alcune strategie per coltivare una mentalità di crescita:

1. Abbraccia le sfide:

Vedi le sfide come opportunità di crescita piuttosto che minacce. Abbraccia i compiti che allungano le tue capacità e vedono difficoltà come un'opportunità per imparare e migliorare.

2. Impara dalle critiche:

Visualizza feedback e critiche come preziosi contributi per il miglioramento. Invece di assumere critiche personalmente, vedi come un mezzo per identificare le aree per lo sviluppo.

3. Lo sforzo è un percorso per la padronanza:

Riconosci che lo sforzo è un fattore chiave per raggiungere la padronanza. Comprendi che lo sforzo, la pratica e l'apprendimento sostenuti contribuiscono allo sviluppo e al successo delle competenze.

4. Celebra lo sforzo, non solo i risultati:

Celebra il processo e lo sforzo che hai messo in compiti, indipendentemente dal risultato immediato. Riconosci il viaggio e i progressi compiuti lungo la strada.

5. Enfatizzare l'apprendimento rispetto alle prestazioni:

Sposta la tua attenzione dal dimostrare le tue capacità a te stesso e agli altri all'apprendimento e all'acquisizione di nuove competenze. Dai la priorità al processo di apprendimento sulla necessità di un successo immediato.

6. Coltivare la curiosità:

Promuovere una mentalità curiosa cercando di comprendere ed esplorare nuovi concetti. Coltivare un amore per l'apprendimento e l'entusiasmo di scoprire cose nuove.

7. Visualizza battute d'arresto come opportunità di apprendimento:

Rifornisci battute d'arresto e fallimenti come opportunità di apprendimento. Analizza cosa è andato storto, estrae lezioni e usa quella conoscenza per migliorare e adattarsi in futuro.

8. Valorizza il processo di apprendimento:

Apprezzo il processo di apprendimento e sviluppo. Comprendi che il viaggio stesso è arricchente e la destinazione è il risultato dell'apprendimento e del miglioramento continui.

9. Comprendi il potere di "ancora":

Aggiungi la parola "ancora" al tuo vocabolario di fronte a sfide o abilità che non hai imparato. Ad esempio, "Non ho ancora imparato questa abilità." Questa semplice aggiunta riflette una convinzione nella crescita e nel potenziale future.

10. Coltivare un amore per le sfide:

Sviluppa una mentalità che vede le sfide come eccitanti piuttosto che scoraggianti. Abbraccia opportunità che ti spingono fuori dalla tua zona di comfort e in una zona di disagio produttivo.

11. Costruisci la persistenza:

Coltivare la persistenza e la resilienza di fronte alle battute d'arresto. Comprendi che le battute d'arresto fanno parte del processo di apprendimento e che superarli costruisce carattere e forza.

12. Circondati di individui mentali di crescita:

Interagire con persone che hanno una mentalità di crescita. Intorno a te stesso di individui che apprezzano l'apprendimento e il miglioramento può rafforzare le tue credenze orientate alla crescita.

13. Set di obiettivi di apprendimento:

Stabilisci obiettivi che si concentrano sull'acquisizione di nuove conoscenze e abilità piuttosto che semplicemente per ottenere risultati specifici. Gli obiettivi di apprendimento enfatizzano il processo di crescita.

14. Usa le sfide come laboratori di apprendimento:

Approccio le sfide come opportunità di sperimentare, apprendere e raccogliere informazioni. Trattali come laboratori del mondo reale per il tuo sviluppo personale e professionale.

15. Sviluppare una prospettiva a lungo termine:

Coltiva una prospettiva a lungo termine sul tuo viaggio di crescita. Comprendi che lo sviluppo personale è un processo continuo che si svolge nel tempo.

16. Monitorare e regolare le strategie:

Valuta regolarmente le tue strategie e approcci. Se qualcosa non funziona, sii disposto a regolare e provare diversi metodi per migliorare l'apprendimento e le prestazioni.

17. Valorizza il successo degli altri:

Celebra il successo degli altri con una mentalità di crescita. Vedi i loro successi come testimonianza del loro sforzo e dedizione e lascia che ti ispiri e ti motiva.

18. Impara dai modelli di ruolo:

Identifica e impara da individui che incarnano una mentalità di crescita. Studia i loro approcci a sfide, battute d'arresto e apprendimento continuo.

19. insegnare agli altri:

Condividi le tue conoscenze e abilità con gli altri. L'insegnamento rafforza la tua comprensione e sottolinea l'idea che le capacità possono essere sviluppate attraverso la condivisione e la collaborazione.

20. Rifletti sul tuo viaggio di apprendimento:

Rifletti regolarmente sul tuo viaggio di apprendimento. Considera i progressi che hai fatto, le sfide che hai superato e le lezioni che hai imparato. La riflessione rafforza una mentalità orientata alla crescita.

La coltivazione di una mentalità di crescita è un processo in corso che prevede uno sforzo intenzionale, l'autocoscienza e un impegno ad abbracciare le sfide come opportunità di apprendimento e sviluppo. Incorporando queste strategie nella tua mentalità, puoi favorire un approccio più resiliente, adattabile e orientato alla crescita alla vita e all'apprendimento.

B. Chiedi limitanti cambiamenti

Il cambiamento delle credenze limitanti implica impegnativi e riformulanti pensieri o credenze negative che ostacolano la crescita e il successo personali. Ecco alcuni passaggi che puoi fare per spostare la tua mentalità e superare le convinzioni limitanti:

1. Identificare le credenze limitanti:

Inizia riconoscendo e identificando le convinzioni limitanti che potrebbero trattenerti. Queste credenze spesso si manifestano come pensieri autocritici o negativi sulle tue capacità, valore o potenziale.

2. Metti in discussione la validità:

Sfida la validità delle tue convinzioni limitanti. Chiediti se queste credenze si basano su fatti o se sono ipotesi o interpretazioni. Spesso, le credenze limitanti non sono fondate nella realtà.

3. Esaminare le prove:

Cerca prove che supportino o contraddano le tue convinzioni limitanti. Valuta esperienze, risultati e feedback passati per ottenere una prospettiva più equilibrata sulle tue capacità.

4. Comprendi l'origine:

Esplora l'origine delle tue convinzioni limitanti. Rifletti su dove sono nate queste credenze, siano esse influenzate da esperienze passate, aspettative sociali o opinioni esterne.

5. Sostituire con dichiarazioni di potenziamento:

Sostituisci le credenze limitanti con dichiarazioni di potenziamento e positive. Ad esempio, se credi "Non sono abbastanza bravo", sostituiscilo con "Sono capace e migliorando costantemente".

6. Pratica di auto-compassione:

Coltivare l'auto-compassione trattandoti con gentilezza e comprensione. Riconosci che tutti hanno punti di forza e di debolezza, e va bene non essere perfetti.

7. Sfida il dialogo interiore negativo:

Presta attenzione all'auto-chiacchiere negativo e sfidalo. Quando ti sorprendi a pensare negativamente, sostituisci consapevolmente quei pensieri con quelli più positivi e costruttivi.

8. Stabilisci obiettivi realistici:

Abbattere obiettivi più grandi in passaggi più piccoli e più realizzabili. Questo aiuta a costruire fiducia e sfida la convinzione che alcuni obiettivi siano irraggiungibili.

9. Cerca controesetteri:

Identifica i casi della tua vita in cui hai sfidato le tue convinzioni limitanti. Questi controesempi servono come prova che contraddice i pensieri negativi che potresti mantenere su di te.

10. Visualizza il successo:

Usa le tecniche di visualizzazione per immaginarti di riuscire e superare le sfide. La visualizzazione può aiutarti a ricaricare il cervello e creare un'immagine mentale positiva delle tue capacità.

11. Circondati di positività:

Circondati di influenze positive, individui di supporto e ambienti che favoriscono una mentalità di crescita. Le influenze positive possono aiutare a contrastare l'impatto delle credenze limitanti.

12. Affermazioni:

Usa affermazioni positive per rafforzare una mentalità più ottimistica. Ripeti regolarmente affermazioni che sfidano e sostituiscono le tue convinzioni limitanti.

13. Adottare passaggi incrementali:

Esponi gradualmente a situazioni che sfidano le tue convinzioni limitanti. Prendi piccoli passi per costruire fiducia e dimostrare a te stesso che sei in grado di superare gli ostacoli.

14. Coltivare una mentalità di crescita:

Abbraccia una mentalità di crescita credendo nella tua capacità di apprendere, adattarsi e migliorare. Comprendi che l'intelligenza e le capacità non sono fisse ma possono essere sviluppate con sforzo e perseveranza.

15. Cerca supporto:

Condividi le tue convinzioni limitanti con un amico, un mentore o un allenatore di fiducia. Alla ricerca di supporto e feedback da parte di altri può fornire nuove prospettive e incoraggiamento.

16. Concentrati sulle soluzioni:

Invece di soffermarsi sui problemi, sposta l'attenzione sulla ricerca di soluzioni. Sviluppa una mentalità per la risoluzione dei problemi che ti consente di agire piuttosto che sentirti bloccato.

17. Journaling:

Tieni un diario per registrare i tuoi pensieri, emozioni e sfide. Usalo come strumento per l'autoriflessione e per monitorare i tuoi progressi nel cambiare le convinzioni limitanti.

18. Mindfulness and Meditation:

Pratica la consapevolezza e la meditazione per diventare più consapevoli dei tuoi pensieri e creare uno spazio mentale in cui puoi sfidare e riformulare le convinzioni limitanti.

19. Celebra i risultati:

Celebra i tuoi successi, non importa quanto piccolo. Riconosci i tuoi successi e usali come prova che contraddice le convinzioni limitanti.

20. Aiuto professionale:

Prendi in considerazione la ricerca dell'assistenza di un terapeuta, un consulente o un allenatore che può fornire assistenza e supporto per le convinzioni limitanti e mutevoli limitanti.

Cambiare credenze limitanti è un processo che richiede autocoscienza, sforzo e impegno. Sfidando e riformulando attivamente pensieri negativi, puoi creare una mentalità più potenziante che supporta la tua crescita e il successo personale.

C. Visualizzazione e affermazioni positive

La visualizzazione e le affermazioni positive sono potenti strumenti che possono essere utilizzati per favorire una mentalità positiva, migliorare la fiducia in se stessi e promuovere la crescita personale. Ecco una panoramica di ogni tecnica:

Visualizzazione: cos'è la visualizzazione?

La visualizzazione, nota anche come immagini mentali o prove mentali, comporta la creazione di vivide immagini mentali di situazioni, eventi o risultati specifici. È una tecnica in cui gli individui si immaginano mentalmente che hanno successo o raggiungere i loro obiettivi.

Come praticare la visualizzazione:

Stabilisci obiettivi chiari: definisci chiaramente l'obiettivo o il risultato specifico che desideri visualizzare.
Trova uno spazio tranquillo: scegli uno spazio tranquillo e confortevole in cui non sarai disturbato.
Rilassamento: fai qualche respiro profondo per rilassare il corpo e calma la mente.
Crea immagini mentali: chiudi gli occhi e immagina vividamente il raggiungimento del tuo obiettivo. Immagina i dettagli, le emozioni e le sensazioni associate al successo.
Coinvolgere tutti i sensi: coinvolgere il maggior numero possibile di sensi. Senti le trame, ascolta i suoni e sperimenta le emozioni associate al tuo successo.
Repetition: pratica la visualizzazione regolarmente, idealmente quotidianamente, per rafforzare le immagini positive nella tua mente.
Rimani positivo: concentrati su aspetti positivi e visualizza il processo di raggiungimento dei tuoi obiettivi, non solo al risultato finale.

Vantaggi della visualizzazione:

Fiducia avanzata: la visualizzazione aiuta a costruire la fiducia provando mentalmente il successo.

Aumento della motivazione: può aumentare la motivazione creando un'immagine mentale dei premi e dei benefici del raggiungimento dei tuoi obiettivi.

Performance migliorate: atleti e artisti usano spesso la visualizzazione per migliorare le loro prestazioni praticando mentalmente le loro abilità.

Affermazioni positive: quali sono le affermazioni positive?

Le affermazioni positive sono dichiarazioni o frasi positive che si ripetono regolarmente per incoraggiare una mentalità positiva e ottimistica. Sono progettati per sfidare e superare i pensieri di auto-sabotaggio e negativi.

Come praticare affermazioni positive:

Identifica le convinzioni limitanti: identifica credenze o pensieri negativi che vuoi sfidare.

Crea dichiarazioni positive: affermazioni positive elaborate che contrastano le credenze negative. Ad esempio, se si lotta con il dubbio, un'affermazione potrebbe essere "Sono fiducioso e capace".

Ripetere regolarmente: ripetere le affermazioni costantemente, idealmente ogni giorno. Puoi dirli ad alta voce o silenziosamente a te stesso.

Credi nelle affermazioni: mentre ripeti le affermazioni, cerca di credere sinceramente nelle dichiarazioni positive che stai facendo.

Visualizza le affermazioni: combina affermazioni positive con la visualizzazione immaginando la verità delle dichiarazioni mentre le dici.

Vantaggi di affermazioni positive:

SHIFF nella mentalità: affermazioni positive aiutano a spostare la tua mentalità da negativa a positiva.
Una maggiore autostima: l'uso regolare delle affermazioni può aumentare l'autostima e l'autostima.
Riduzione dello stress: le affermazioni possono contribuire alla riduzione dello stress e al miglioramento del benessere mentale.

Suggerimenti per una visualizzazione efficace e affermazioni positive:

Sii specifico: definisci chiaramente i tuoi obiettivi e le tue affermazioni per una migliore attenzione.
Usa il tempo presente: frase affermazioni al massimo per rafforzare un senso di immediatezza.
Coinvolgere le emozioni: sia la visualizzazione che le affermazioni dovrebbero evocare emozioni positive.
Combina le tecniche: utilizzare insieme visualizzazione e affermazioni positive per un impatto più potente.
La coerenza è la chiave: esercitati regolarmente per vedere benefici a lungo termine.

Incorporando la visualizzazione e le affermazioni positive nella tua routine quotidiana, puoi rimodellare i tuoi modelli di pensiero, coltivare una mentalità positiva e lavorare per raggiungere i tuoi obiettivi con maggiore fiducia e determinazione.

Xi. Superare le sfide comuni

Superare le sfide comuni nella formazione delle abitudini e nello sviluppo personale è cruciale per il successo a lungo termine. Ecco alcune strategie per affrontare alcune sfide comuni:

1. Mancanza di motivazione:

Rompi i tuoi obiettivi in compiti più piccoli e gestibili. Trova il tuo "perché": identifica le ragioni più profonde dietro i tuoi obiettivi. Visualizza i vantaggi e i risultati per riaccendere la motivazione.

2. Procrastinazione:

Rompi le attività in passaggi più piccoli e più gestibili. Usa la "regola di due minuti": se un'attività richiede meno di due minuti, fallo immediatamente. Impostare scadenze specifiche e dare priorità alle attività.

3. SOPERTURA:

Dai la priorità alle attività e concentrati su una cosa alla volta. Rompi obiettivi più grandi in passaggi più piccoli e attuabili. Impara a dire di no per evitare di assumere troppo in una volta.

4. Mancanza di disciplina:

Costruisci gradualmente la disciplina iniziando con piccole abitudini. Usa segnali visivi e promemoria. Crea una routine e attenersi ad essa. Tieniti responsabile attraverso il monitoraggio e l'autoriflessione.

5. Talline di autoaffronta negativa:

Sfida i pensieri negativi con affermazioni positive. Pratica l'auto-compassione e trattati con gentilezza. Circondati di influenze positive e individui di supporto.

6. Problemi di gestione del tempo:

Dai priorità alle attività basate sull'importanza e l'urgenza. Utilizzare tecniche di blocco del tempo per allocare le fasce orarie specifiche per diverse attività. Imposta scadenze realistiche ed evita il multitasking.

7. Mancanza di responsabilità:

Condividi i tuoi obiettivi con un amico, un familiare o un collega. Prendi in considerazione la ricerca di un partner di responsabilità. Usa strumenti come le app di track di abitudini per monitorare i tuoi progressi.

8. Paura del fallimento:

Riformulare fallimento come opportunità di apprendimento. Abbattere la paura in preoccupazioni specifiche e affrontarle uno per uno. Festeggia piccole vittorie per costruire fiducia.

9. perfezionismo:

Abbraccia una mentalità di progresso sulla perfezione. Impostare aspettative realistiche. Concentrati sul processo piuttosto che sul risultato finale. Accetta che gli errori sono una parte naturale dell'apprendimento e della crescita.

10. Distrazioni:

Identifica e minimizza le distrazioni nel tuo ambiente. Usa tecniche come la tecnica Pomodoro per il lavoro mirato. Pratica la consapevolezza per rimanere presente e concentrato.

11. Mancanza di obiettivi chiari:

Definire obiettivi specifici, misurabili, realizzabili, pertinenti e legati al tempo (intelligenti). Abbattere obiettivi più grandi in passaggi più piccoli e attuabili. Rivalutare regolarmente e regolare i tuoi obiettivi secondo necessità.

12. Burnout:

Dai la priorità alla cura di sé e mantieni un sano equilibrio tra lavoro e vita privata. Fare pause quando necessario. Delegare le attività quando possibile. Imposta aspettative realistiche e impara a riconoscere i segni di burnout.

13. Incoerenza:

Stabilire una routine e attenersi ad essa. Inizia con piccole abitudini gestibili. Utilizzare strumenti di tracciamento delle abitudini per monitorare la coerenza. Concentrati sul progresso, non sulla perfezione.

14. Pressioni esterne:

Comunica i tuoi obiettivi e confini agli altri. Impara a dire di no quando necessario. Delegare le attività quando possibile. Concentrati su ciò che puoi controllare.

15. Mancanza di supporto:

Cerca supporto da amici, familiari o una comunità con obiettivi simili. Connettiti con persone affini online. Prendi in considerazione l'adesione a un gruppo di supporto o la ricerca di un mentore.

16. Impazienza:

Comprendi che la formazione dell'abitudine richiede tempo. Festeggia piccole vittorie lungo la strada. Pratica la consapevolezza per rimanere presente e apprezzare il viaggio.

17. aspettative non realistiche:

Stabilisci obiettivi realistici e realizzabili. Abbattere obiettivi più grandi in passaggi più piccoli. Regola le tue aspettative in base alle circostanze e alle risorse attuali.

18. Mancanza di fiducia in se stessi:

Concentrati sulla costruzione della fiducia attraverso piccole vittorie. Riconosci e celebra i tuoi risultati. Circondati di influenze positive. Cerca un feedback e usalo come strumento per il miglioramento.

19. Resistenza al cambiamento:

Comprendi i benefici del cambiamento. Inizia con piccoli cambiamenti graduali. Concentrati sui risultati positivi e sulla crescita personale associata all'abbraccio del cambiamento.

20. Confrontarti con gli altri:

Sposta la tua attenzione verso l'interno. Confronta te stesso con il tuo io passato piuttosto che gli altri. Abbraccia il tuo viaggio unico e celebra i tuoi progressi.

Ricorda che il superamento delle sfide è un processo in corso e ciò che funziona per una persona potrebbe non funzionare per un'altra. Sperimenta diverse strategie, sii paziente con te stesso e adatta il tuo approccio secondo necessità per navigare negli ostacoli nel tuo percorso di sviluppo personale.

A. Affrontare la procrastinazione

La procrastinazione è una sfida comune, ma ci sono strategie efficaci per superarla e migliorare la produttività. Ecco alcuni suggerimenti per affrontare la procrastinazione:

1. Comprendi la causa principale:

Identificare le ragioni sottostanti della procrastinazione. Potrebbe essere paura del fallimento, della mancanza di motivazione o del sentirsi sopraffatto. Comprendere la causa principale ti aiuta a affrontarla in modo più efficace.

2. Rompi le attività in passaggi più piccoli:

Dividi compiti più grandi in passaggi più piccoli e più gestibili. Ciò rende l'obiettivo generale meno intimidatorio e ti consente di concentrarti su un passo alla volta.

3. Imposta obiettivi specifici:

Definisci chiaramente i tuoi obiettivi utilizzando i criteri intelligenti (specifici, misurabili, realizzabili, pertinenti, legati al tempo). Obiettivi specifici forniscono una direzione chiara e rendono più facile agire.

4. Crea un elenco di cose da fare:

Crea un elenco di cose da fare dettagliato che delinea le tue attività. Dai la priorità agli articoli nella tua lista e affrontali uno per uno. L'incrocio compiti completati fornisce un senso di realizzazione.

5. Utilizzare le tecniche di gestione del tempo:

Esplora i metodi di gestione del tempo come la tecnica Pomodoro (lavoro per 25 minuti, quindi prendi una pausa di 5 minuti) o blocco del tempo (allocazione di fasce orarie specifiche per compiti diversi).

6. Imposta scadenze:

Stabilisci scadenze realistiche per i tuoi compiti. Avere un periodo di tempo crea un senso di urgenza e incoraggia un'azione tempestiva.

7. Elimina le distrazioni:

Identifica e minimizza le distrazioni nel tuo ambiente. Spegnere le notifiche, creare un'area di lavoro dedicata e prendere in considerazione l'utilizzo di bloccanti del sito Web o app di produttività se necessario.

8. Visualizza il risultato finale:

Immagina i risultati positivi e i vantaggi del completamento dell'attività. La visualizzazione può aumentare la motivazione e rendere l'obiettivo più raggiungibile.

9. Stabilire una routine:

Sviluppare una routine quotidiana coerente. Avere un programma impostato aiuta a creare l'abitudine di iniziare e completare le attività in momenti specifici.

10. Inizia con l'attività più semplice:

Inizia la giornata affrontando il compito più semplice o divertente nella tua lista di cose da fare. Questo può creare slancio e rendere più facile passare a compiti più impegnativi.

11. Usa la regola di due minuti:

Se un'attività richiede meno di due minuti per essere completato, fallo immediatamente. Ciò impedisce a piccoli compiti di accumulare e diventare schiaccianti.

12. premia te stesso:

Stabilire un sistema di premi per il completamento delle attività. Concediti qualcosa di divertente dopo aver svolto una serie di compiti per rafforzare il comportamento positivo.

13. Trova un partner di responsabilità:

Condividi i tuoi obiettivi e le scadenze con qualcuno che può ritenerti responsabile. Sapere che qualcun altro è a conoscenza dei tuoi impegni può aumentare la motivazione.

14. Cambia il tuo ambiente:

Se ti ritrovi bloccato in un ciclo di procrastinazione, cambia il tuo ambiente. Spostati in una stanza o un'area di lavoro diversa per creare una nuova prospettiva.

15. Affrontare la paura e il perfezionismo:

Riconosci e affronta le paure legate al fallimento o alla ricerca della perfezione. Comprendi che va bene fare errori e che intraprendere azioni imperfette è meglio che non agire affatto.

16. Usa la "matrice Eisenhower":

Dai priorità alle attività utilizzando la matrice Eisenhower, che classifica le attività in quattro quadranti in base all'urgenza e all'importanza. Concentrati prima su compiti ad alta priorità.

17. Cerca la responsabilità dagli altri:

Condividi i tuoi obiettivi con amici, familiari o colleghi che possono fornire incoraggiamento e responsabilità. Sapere che gli altri sono consapevoli dei tuoi obiettivi può motivarti a rimanere sulla buona strada.

18. Rifletti sulle conseguenze:

Considera le conseguenze della continua procrastinazione. Rifletti su come il ritardo delle attività può influire sui tuoi obiettivi, benessere o progressi complessivi.

19. Pratica l'auto-compassione:

Sii gentile con te stesso e pratica l'auto-compassione. Comprendi che tutti procrastina a volte, e va bene. Concentrati sul apportare modifiche positive andando avanti.

20. Cerca un aiuto professionale se necessario:

Se la procrastinazione ha un impatto significativo sulla tua vita e obiettivi, considera la ricerca di una guida da un terapeuta o un allenatore che può fornire strategie e supporto.

Ricorda che il superamento della procrastinazione è un processo graduale e trovare le strategie che funzionano meglio per te potrebbero richiedere una sperimentazione. L'implementazione costante di queste tecniche può aiutarti a sviluppare migliori abitudini e aumentare la tua capacità di affrontare le attività in modo tempestivo.

B. Gestire lo stress e il dubbio

Gestire lo stress e il dubbio sono fondamentali per mantenere il benessere mentale e raggiungere il successo personale e professionale. Ecco alcune strategie per aiutare a far fronte allo stress e superare il dubbio:

Identifica i fattori di stress:

Riconosci e identifica le fonti di stress nella tua vita. Comprendere ciò che lo stress da innesco consente di affrontare le cause della radice.

Pratica la consapevolezza e la meditazione:

Impegnati nella consapevolezza e nella meditazione per rimanere presenti e ridurre lo stress. Queste pratiche aiutano a calmare la mente e promuovere il rilassamento.

Esercizi di respirazione profonda:

Pratica esercizi di respirazione profonda per calmare istantaneamente il sistema nervoso. Concentrati su respiri lenti e profondi per alleviare lo stress e l'ansia.

Attività fisica regolare:

Incorporare l'esercizio fisico regolare nella tua routine. L'attività fisica ha dimostrato benefici per la riduzione dello stress e il miglioramento dell'umore.

Stabilire abitudini sane:

Dai la priorità al buon sonno, una dieta equilibrata e l'idratazione. Uno stile di vita sano contribuisce a una migliore gestione dello stress.

Stabilisci obiettivi realistici:

Abbattere obiettivi più grandi in passaggi più piccoli e realizzabili. L'impostazione di obiettivi realistici riduce la sensazione di essere sopraffatto.

Gestione del tempo:

Dai la priorità alle attività, utilizza tecniche di gestione del tempo e crea un programma per evitare di sentirsi affrettati e stressati.

Impara a dire no:

Impostare i confini e imparare a dire di no quando necessario. Il sovraccarico può portare ad un aumento dello stress.

Supporto sociale:

Cerca supporto da amici, familiari o una rete di supporto. Condividere i tuoi sentimenti può fornire un sollievo emotivo.

Cerca un aiuto professionale:

Se lo stress diventa schiacciante, considera la ricerca di una guida da parte di un professionista della salute mentale.

Superare il dubbio: sfida i pensieri negativi:

Identifica e sfida i pensieri auto-danneggianti. Sostituisci i pensieri negativi con quelli più positivi e costruttivi.

Riconoscere i risultati:

Riconosci e celebra regolarmente i tuoi successi, non importa quanto piccolo. Riconoscere i tuoi successi crea fiducia.

Concentrati sui punti di forza:

Identifica e concentrati sui tuoi punti di forza e sui successi passati. Ricordati le tue capacità.

Imposta aspettative realistiche:

Stabilisci aspettative realistiche per te stesso. La perfezione non è raggiungibile e la definizione di obiettivi raggiungibili riduce il dubbio.

Affermazioni positive:

Usa affermazioni positive per rafforzare una mentalità positiva. Ripetere le dichiarazioni che sfidano il dubbio e costruiscono la fiducia in se stessi.

Visualizzazione:

Visualizza te stesso successo e raggiungendo i tuoi obiettivi. Questa prova mentale può aumentare la fiducia e ridurre il dubbio.

Cerca un feedback costruttivo:

Cerca un feedback dagli altri per ottenere una prospettiva più obiettiva. Il feedback costruttivo può fornire approfondimenti sui tuoi punti di forza e aree per il miglioramento.

Imparare dagli errori:

Vedi gli errori come opportunità di apprendimento e crescita. Comprendi che tutti commettono errori e non definiscono il tuo valore o le tue abilità.

Circondati di positività:

Circondati di influenze positive e individui di supporto. Scegli le relazioni che solleva e ti incoraggiano.

Auto compassione:

Pratica l'auto-compassione trattandoti con gentilezza e comprensione. Sii solidale per te stesso come faresti per un amico che affronta sfide simili.

Stabilisci obiettivi incrementali:

Rompi obiettivi più grandi in passaggi più piccoli e più gestibili. Il raggiungimento di traguardi più piccoli aumenta la fiducia e diminuisce il dubbio.

Finisci fino a quando non lo fai:

Agisci con fiducia anche se non lo senti inizialmente. L'assunzione di un comportamento fiducioso può avere un impatto positivo sulla tua mentalità.

Abbraccia il fallimento come opportunità di apprendimento:

Comprendi che il fallimento è una parte naturale del processo di apprendimento. Abbraccialo come un'opportunità per la crescita e il miglioramento.

Scrivere sul diario:

Tieni un diario per riflettere sui tuoi risultati, sfide e sentimenti. Il journaling può aiutarti a ottenere una prospettiva e tenere traccia del tuo sviluppo personale.

Visualizzazione positiva:

Usa una visualizzazione positiva per immaginare risultati positivi. La visualizzazione del successo rafforza una mentalità positiva.

Circondati di persone di supporto:

Costruisci una rete di supporto di amici, familiari o mentori che incoraggiano e credono nelle tue capacità.

Impara nuove abilità:

L'acquisizione di nuove competenze e conoscenze può aumentare la tua fiducia. L'apprendimento continuo contribuisce alla crescita personale e professionale.

Fare pause e praticare la cura di sé:

Consentiti di pause e praticarti regolarmente. Prendersi cura del tuo benessere migliora la resilienza e la sicurezza di sé.

Terapia cognitiva-comportamentale (CBT):

Considera la terapia cognitiva-comportamentale, un approccio terapeutico che aiuta gli individui a identificare e cambiare i modelli di pensiero negativi.

Festeggia il progresso, non la perfezione:

Sposta l'attenzione dal raggiungimento della perfezione al celebrazione dei progressi. Riconosci che la crescita personale è un viaggio continuo.

La combinazione di queste strategie può aiutarti a gestire efficacemente lo stress e superare il dubbio, portando a una mentalità più positiva e resiliente. Ricorda che la costruzione di fiducia e resilienza è un processo graduale e la coerenza è la chiave.

C. Adattamento al cambiamento e residuo.

Adattarsi al cambiamento e alla coltivazione della resilienza sono le abilità essenziali per la navigazione delle sfide e le incertezze della vita. Ecco alcune strategie per aiutarti ad adattarti al cambiamento e migliorare la tua resilienza:

Adattarsi al cambiamento: abbracciare una mentalità di crescita:

Adotta una mentalità di crescita che vede le sfide come opportunità di apprendimento e crescita. Abbraccia l'idea che il cambiamento possa portare allo sviluppo personale.

Resta flessibile:

Coltivare flessibilità e apertura a nuove idee. Sii disposto a regolare i tuoi piani e strategie in risposta alle mutevoli circostanze.

Concentrati su ciò che puoi controllare:

Identifica aspetti di una situazione che puoi controllare e concentrare la tua energia e gli sforzi su tali aree. Accetta che alcune cose siano al di fuori del tuo controllo.

Abbatti grandi cambiamenti:

Se di fronte a un cambiamento significativo, suddividilo in passaggi più piccoli e più gestibili. Ciò rende il processo meno schiacciante e consente un adattamento graduale.

Trova il rivestimento d'argento:

Cerca gli aspetti positivi del cambiamento. Identificare potenziali opportunità o benefici che possono derivare da una nuova situazione.

Costruisci un sistema di supporto:

Circondati di una rete di supporto di amici, familiari o colleghi che possono offrire assistenza e incoraggiamento durante i periodi di cambiamento.

Cerca opportunità di apprendimento:

Visualizza il cambiamento come un'opportunità per apprendere e acquisire nuove competenze. Sii curioso e aperto a acquisire conoscenze in aree relative al cambiamento.

Rimani positivo e ottimista:

Mantieni una prospettiva positiva e coltiva l'ottimismo. Concentrati sulle possibilità e sui potenziali risultati positivi associati al cambiamento.

Sviluppare strategie di coping:

Identifica meccanismi di coping sani che funzionano per te, come consapevolezza, esercizio fisico o punti vendita creativi. Queste strategie possono aiutare a gestire lo stress durante i periodi di cambiamento.

Impara dalle esperienze passate:

Rifletti su come hai navigato con successo i cambiamenti in passato. Attingi a quelle esperienze per costruire la fiducia nella tua capacità di adattarsi.

Costruire la resilienza: coltivare un forte sistema di supporto:

Rilassati rapporti con amici, familiari e colleghi che forniscono supporto emotivo e incoraggiamento. Avere un forte sistema di supporto migliora la resilienza.

Sviluppare capacità di risoluzione dei problemi:

Rafforza la tua capacità di risolvere i problemi rompendoli in passaggi gestibili. Concentrati sulla ricerca di soluzioni pratiche piuttosto che soffermarsi sulle sfide.

Praticare l'autocompassione:

Concediti la gentilezza e la comprensione durante i periodi difficili. Evita l'autocritica e riconoscere che le battute d'arresto sono una parte naturale della vita.

Mantenere uno stile di vita sano:

Dai la priorità alla cura di sé facendo dormire sufficiente, mangiando una dieta equilibrata e impegnandosi in una regolare attività fisica. Uno stile di vita sano contribuisce alla resilienza generale.

Coltiva un senso di scopo:

Identifica i tuoi valori e imposta obiettivi significativi. Avere un senso di scopo può fornire motivazione e una prospettiva più ampia durante i periodi difficili.

Sviluppa la consapevolezza emotiva:

Costruisci l'intelligenza emotiva diventando consapevole e comprendendo le tue emozioni. Questa consapevolezza ti consente di navigare con una maggiore resilienza.

Pratica le tecniche di consapevolezza e rilassamento:

Incorporare esercizi di consapevolezza e rilassamento nella tua routine. Tecniche come la respirazione profonda o la meditazione possono aiutare a gestire lo stress e migliorare la resilienza.

Imposta aspettative realistiche:

Stabilisci aspettative realistiche per te stesso. Comprendi che non tutto andrà secondo i piani, e va bene.

Costruisci adattabilità:

Rafforza la tua capacità di adattarsi a diverse situazioni. Abbraccia il cambiamento come una parte inevitabile della vita e sviluppare una mentalità che può navigare sulle incertezze.

Impara dalle avversità:

Vedi sfide e battute d'arresto come opportunità di crescita. Rifletti su ciò che hai imparato da esperienze difficili e su come hanno contribuito alla tua resilienza.

Mantenere un circolo sociale positivo:

Circondati di influenze positive. Trascorrere del tempo con persone di supporto può avere un impatto positivo sulla tua resilienza complessiva.

Festeggia piccole vittorie:

Riconosci e celebra i tuoi successi, non importa quanto piccolo. Riconoscere il progresso aumenta la fiducia e la resilienza.

Cerca supporto professionale:

Se necessario, non esitare a cercare supporto da un terapeuta, un consulente o un professionista della salute mentale. Possono fornire una guida e strategie per la costruzione della resilienza.

Resta adattabile:

Coltivare una mentalità adattabile. Abbraccia il cambiamento e consideralo un'opportunità per la crescita personale e professionale.

Impara a gestire lo stress:

Sviluppare tecniche efficaci di gestione dello stress, come la gestione del tempo, gli esercizi di rilassamento e la definizione dei confini per ridurre l'impatto dello stress sulla resilienza.

Ricorda che la resilienza è un'abilità che può essere sviluppata e rafforzata nel tempo. Incorporando queste strategie nella tua vita, puoi adattarti in modo più efficace al cambiamento e costruire una maggiore resilienza di fronte alle sfide.

XII. Caso di studi e storie di successo

A. Esempi di individui che hanno trasformato le loro vite attraverso l'abitudine

Sebbene non riesco a fornire specifici esempi di vita reale di individui a causa di considerazioni sulla privacy, posso condividere archetipi generali e scenari comuni in cui le persone hanno trasformato le loro vite attraverso l'abitudine. Questi esempi evidenziano il potere delle abitudini intenzionali nel raggiungere la crescita e il successo personali:

Perdita di peso e idoneità: viaggio di perdita di peso di John:

John, affrontando problemi di salute dovuti all'obesità, ha trasformato la sua vita adottando abitudini sane. Incorporava un esercizio regolare, sviluppò una dieta equilibrata e coltivava pratiche alimentari consapevoli. Nel tempo, ha ottenuto una significativa perdita di peso, ha migliorato la sua salute generale e ha guadagnato una visione più positiva della vita.

Produttività e gestione del tempo: trasformazione della produttività di Emily:

Emily ha lottato con la procrastinazione e la disorganizzazione, influenzando il suo lavoro e la sua vita personale. Ha implementato abitudini come il blocco del tempo, la creazione di elenchi di cose da fare e minimizzando le distrazioni. Di conseguenza, è diventata più organizzata, produttiva e realizzata i suoi obiettivi professionali e personali con maggiore efficienza.

Successo finanziario: inversione finanziaria di Sarah:

Sarah, gravata dal debito e dallo stress finanziario, ha trasformato la sua situazione finanziaria attraverso la costruzione di abitudini. Ha sviluppato abitudini come il budget, il risparmio e l'investimento saggiamente. Nel tempo, ha pagato i suoi debiti, ha costruito un buffer di risparmio e ha raggiunto la stabilità finanziaria.

Avanzamento della carriera: viaggio di crescita della carriera di Mike:

Mike mirava al progresso della carriera ma si sentiva bloccato. Ha costruito abitudini come l'apprendimento continuo, il networking e la creazione di obiettivi professionali chiari. Queste abitudini lo hanno aiutato a acquisire nuove competenze, stabilire connessioni preziose e infine a garantire promozioni e progressi di carriera.

Sviluppo personale: la spinta della fiducia di Lisa:

Lisa ha lottato con il dubbio e la mancanza di fiducia in se stessi. Attraverso la costruzione di abitudini, comprese affermazioni positive, impostazione e raggiungimento di piccoli obiettivi e alla ricerca di opportunità di sviluppo professionale, ha trasformato la sua mentalità. Lisa ha acquisito fiducia, ha superato le sfide e ha perseguito nuove opportunità nella sua vita personale e professionale.

Salute mentale e benessere: trasformazione della gestione dello stress di Tom:

Tom ha affrontato lo stress cronico e l'ansia che hanno avuto un impatto sulla sua salute mentale. Attraverso pratiche di costruzione di abitudini come la meditazione della consapevolezza, l'esercizio fisico regolare e il fissaggio dei confini, ha migliorato il suo benessere generale. Tom ha imparato a gestire lo stress in modo efficace e ha sviluppato la resilienza di fronte alle sfide della vita.

Relazioni e comunicazione: le relazioni di Anna che costruiscono abitudini:

Anna ha lottato con il mantenimento di relazioni sane a causa di cattive abitudini di comunicazione. Ha lavorato sull'ascolto attivo, esprimendo le emozioni apertamente e praticando l'empatia. Di conseguenza, le sue relazioni sono migliorate e ha costruito connessioni più forti con amici e familiari.

Creatività e passione personale: la trasformazione creativa di Alex:

Alex, sentendosi insoddisfatto nella sua routine, voleva perseguire la sua passione per la scrittura. Costruendo abitudini come sessioni di scrittura quotidiane, leggendo ampiamente e connettendosi con una comunità di scrittura, ha trasformato i suoi sforzi creativi. Alex ha pubblicato un libro e ha trovato un senso di realizzazione attraverso la sua passione.

Successo accademico: eccellenza accademica di Emma:

Emma ha lottato con il rendimento accademico e la motivazione. Attraverso strategie di costruzione di abitudini come routine di studio efficaci, definizione degli obiettivi e ricerca di supporto quando necessario, ha trasformato le sue prestazioni accademiche. Emma non solo ha migliorato i suoi voti, ma ha anche sviluppato un amore per l'apprendimento.

Questi esempi illustrano che la costruzione di abitudini intenzionali, se allineata con obiettivi e valori personali, può portare a cambiamenti trasformativi in vari aspetti della vita. Che si tratti di salute fisica, carriera, relazioni o sviluppo personale, le persone possono ottenere miglioramenti significativi coltivando abitudini positive nel tempo.

B. Lezioni apprese da varie storie di successo

Le storie di successo di individui che hanno trasformato la propria vita attraverso la costruzione di abitudini intenzionali offrono preziose lezioni che possono ispirare e guidare gli altri nei loro viaggi. Ecco alcune lezioni comuni apprese da varie storie di successo:

La coerenza è la chiave:

Le persone di successo sottolineano l'importanza di uno sforzo coerente. Piccole abitudini quotidiane, ripetute nel tempo, hanno un profondo impatto sul benessere e sui risultati complessivi.
Inizia in piccolo, pensa in grande:

Molte storie di successo evidenziano il potere di iniziare con piccole abitudini gestibili. Nel tempo, queste piccole azioni si compongono e portano a cambiamenti positivi significativi.

La mentalità è importante:

La mentalità degli individui svolge un ruolo cruciale nel loro successo. Lo sviluppo di una mentalità positiva e orientata alla crescita consente la resilienza di fronte a sfide e battute d'arresto.

Stabilisci obiettivi chiari:

Impostare obiettivi chiari e specifici è un tema comune. Le storie di successo coinvolgono spesso individui che avevano una visione chiara di ciò che volevano realizzare e stabilire passi attuabili per raggiungere tali obiettivi.

Adattabilità e flessibilità:

La vita è imprevedibile e le persone di successo sottolineano l'importanza dell'adattabilità. Essere flessibili e disposti a regolare le strategie in risposta alle mutevoli circostanze è la chiave del successo a lungo termine.

Impara dalle battute d'arresto:

Le battute d'arresto non sono viste come fallimenti ma come opportunità di apprendimento e crescita. Le persone che hanno superato le sfide spesso sottolineano l'importanza dell'apprendimento dagli errori e l'uso di battute d'arresto come trampolini di lancio al successo.

L'autoriflessione è cruciale:

L'autoriflessione regolare è un'abitudine comune tra coloro che hanno raggiunto il successo. Implica la valutazione dei propri progressi, il riconoscimento delle aree per il miglioramento e la celebrazione dei successi lungo la strada.

Costruisci un sistema di supporto:

Costruire una rete di supporto è un tema coerente. Le storie di successo coinvolgono spesso persone che si sono circondate con influenze positive, hanno cercato una guida da parte dei mentori e condividevano i loro viaggi con amici o familiari di supporto.

La persistenza paga:

La persistenza e la perseveranza sono qualità ricorrenti nelle storie di successo. Raggiungere cambiamenti significativi spesso richiede uno sforzo continuo, anche di fronte a sfide e momenti di dubbio.

Equilibrio e benessere:

Il successo non riguarda solo i risultati professionali. Molte storie di successo sottolineano l'importanza di mantenere un equilibrio tra lavoro, vita personale e benessere. Prendersi cura della propria salute fisica e mentale contribuisce al successo sostenuto.

Apprendimento continuo:

L'apprendimento permanente è un tratto comune tra gli individui di successo. Che si tratti di acquisire nuove competenze, cercare conoscenze o di rimanere curioso, l'impegno per l'apprendimento continuo contribuisce alla crescita personale.

Responsabilità e supporto:

La responsabilità è un fattore cruciale nel successo dell'abitudine. Attraverso l'auto-responsabilità o con l'aiuto di partner di responsabilità, è utile avere un sistema in cui rimanere in pista.

Festeggia piccole vittorie:

Celebrare piccoli risultati lungo la strada è importante per mantenere la motivazione. Riconoscendo e riconoscendo i progressi, non importa quanto incrementale, promuove una mentalità positiva.

Autenticità e passione:

Le storie di successo coinvolgono spesso individui autentici per se stessi e appassionati delle loro attività. Allineare le abitudini con valori e passioni personali contribuiscono al senso dello scopo e dell'adempimento.

Gestione del tempo:

Le persone di successo sono spesso abili nel gestire il loro tempo in modo efficace. Dare priorità ai compiti, stabilire confini ed essere consapevoli di come il tempo viene dedicato contribuisce al successo generale.

Rimani ispirato:

Mantenere ispirazione e motivazione è cruciale per il successo a lungo termine. Molte storie di successo coinvolgono individui che cercano regolarmente ispirazione da varie fonti, che si tratti di libri, mentori o loro progressi.

Queste lezioni dimostrano che il successo è un viaggio modellato da abitudini intenzionali, mentalità, perseveranza e un impegno per il miglioramento continuo. Imparando da queste intuizioni, le persone possono applicare principi simili alla propria vita e perseguire i propri obiettivi con uno scopo e una resilienza maggiore.

XIII. Conclusione

A. Riepilogo dei concetti chiave

Ricappiamo i concetti chiave relativi alla costruzione di abitudini migliori e al raggiungimento del successo:

Formazione dell'abitudine:

Definizione: le abitudini sono comportamenti di routine che si ripetono regolarmente e spesso si verificano automaticamente.
Abitudine: consiste in un segnale, di routine e ricompensa, che costituisce la base della formazione dell'abitudine.

Importanza delle abitudini nel raggiungimento del successo:

Le abitudini di forma: le abitudini quotidiane influenzano i risultati e il successo a lungo termine.
Questioni di coerenza: abitudini positive coerenti portano a un successo sostenuto.

Panoramica della costruzione di abitudini migliori: una guida al successo:

Argomenti chiave: comprendere le abitudini, la scienza della formazione di abitudini, la definizione degli obiettivi, l'ambiente che formano l'abitudine, la coerenza, le abitudini positive, le abitudini negative, la responsabilità, il cambiamento di mentalità, il superamento delle sfide, i casi studio, le storie di successo.

Abitudine:

Cue: scatenante che avvia un'abitudine.
Routine: comportamento o azione innescata dal segnale.

Ricompensa: esito positivo o rinforzo associato alla routine.

Tipi di abitudini:

Abitudini positive: comportamenti costruttivi che contribuiscono alla crescita personale.
Abitudini negative: comportamenti distruttivi che ostacolano il progresso.

Identificare le abitudini esistenti:

Auto-consapevolezza: riconoscere le abitudini attuali è il primo passo verso il cambiamento.

Scienza della formazione di abitudini:

Aspetti neurologici: le abitudini sono radicate nei percorsi neurali, modellando il comportamento.
Sistema di ricompensa del cervello: i premi rafforzano la formazione dell'abitudine.

Come le abitudini diventano automatiche:

Repetizione: una ripetizione coerente rafforza i percorsi neurali.
Ciclo di ricarica del cue-routine: stabilisce l'abitudine.

Stabilire obiettivi chiari:

Importanza: gli obiettivi forniscono direzione e motivazione.
Obiettivi intelligenti: specifico, misurabile, realizzabile, pertinente, limitato al tempo.

Allineare le abitudini con obiettivi a lungo termine:

Coerenza con gli obiettivi: assicurarsi che le abitudini contribuiscano agli obiettivi generali.

Creare un ambiente che forma abitudine:

Spazio fisico: ambiente di progettazione per supportare abitudini positive.
Rimozione di ostacoli: eliminare le distrazioni che ostacolano la formazione dell'abitudine.
Influenze di supporto: circondati di influenze positive.

Il potere della coerenza:

Stabilire una routine: routine coerenti rafforzano abitudini positive.
Rituali quotidiani: azioni specifiche ripetute quotidianamente per il successo.

Costruire abitudini positive:

Identificazione delle abitudini target: concentrarsi su abitudini specifiche per il successo.
Progressione graduale: le piccole vittorie contribuiscono alla formazione dell'abitudine.
Tracciamento del progresso: misurare e monitorare lo sviluppo dell'abitudine.

Rompere le abitudini negative:

Riconoscere le abitudini dannose: identificare e riconoscere i comportamenti negativi.
Strategie per il cambiamento: sostituire le abitudini negative con alternative positive.

Sfruttare la responsabilità e il supporto:

Partner di responsabilità: cercare supporto e condividere obiettivi per la responsabilità reciproca.
Creazione di un sistema di supporto: costruire una rete di individui incoraggiando la formazione di abitudini.
Celebrando i risultati: condividere successi per rafforzare il comportamento positivo.

Mindset Shift per il successo dell'abitudine:

Coltivare una mentalità di crescita: abbracciare le sfide e vedere i fallimenti come opportunità.
Cambiare credenze limitanti: sfidare e superare le credenze negative.
Visualizzazione e affermazioni: utilizzare immagini positive e affermazioni per la motivazione.

Superare le sfide comuni:

Affrontare la procrastinazione: attuare strategie per superare la procrastinazione.

Gestire lo stress e il dubbio:

Gestione dello stress: identificare i fattori di stress e praticare le strategie di coping.
Superare il dubbio: sfida i pensieri negativi e costruisci fiducia.

Adattarsi al cambiamento e restare resiliente:

Abbraccia il cambiamento: sviluppare adattabilità e apertura a nuove opportunità.
Resilienza: impara dalle battute d'arresto e rimbalza più forte.

In sintesi, costruire abitudini migliori è un processo dinamico e intenzionale che modella il successo individuale in vari settori della vita. Il viaggio prevede l'autocoscienza, la definizione degli obiettivi, la coerenza, l'adattabilità e una mentalità positiva, con lezioni apprese da esempi di vita reale che servono come guide preziose.

B. Incoraggiamento per i lettori a intraprendere il loro viaggio di costruzione dell'abitudine

Intraprendere un viaggio di costruzione di abitudini è una decisione potente e trasformativa che può portare a cambiamenti positivi in vari aspetti della tua vita. Mentre consideri di fare questo entusiasmante passo, ecco un po 'di incoraggiamento per ispirarti e guidarti nel tuo viaggio di costruzione di abitudini:

Hai il potere di cambiare:

Ricorda che hai il potere di modellare le tue abitudini e, a sua volta, il tuo futuro. Ogni cambiamento positivo inizia con un singolo passaggio e quel passaggio è sotto il tuo controllo.

Inizia in piccolo, mira in alto:

Non sottovalutare l'impatto di azioni piccole e coerenti. A partire da abitudini gestibili stabilisce le basi per risultati più grandi. Punta in alto nelle tue aspirazioni ma inizia con passaggi realistici e realizzabili.

Festeggia il progresso, non la perfezione:

Il progresso è un viaggio, non una destinazione. Festeggia ogni piccola vittoria lungo la strada, riconoscendo che la perfezione non è l'obiettivo. Riconosci i tuoi sforzi e i cambiamenti positivi che apporti.

Abbraccia il processo di apprendimento:

Costruire abitudini migliori è un processo di apprendimento. Potresti affrontare sfide e battute d'arresto, ma ogni ostacolo è un'opportunità per crescere e perfezionare il tuo approccio. Abbraccia il viaggio di auto-scoperta e miglioramento.

Il tuo viaggio è unico:

Il tuo viaggio di costruzione di abitudini è personale e unico per te. Non confrontare i tuoi progressi con gli altri. Concentrati sui tuoi obiettivi, valori e cambiamenti positivi che stai apportando nella tua vita.

La coerenza è la chiave:

La coerenza è una forza potente nella formazione dell'abitudine. Impegnati ogni giorno per le abitudini scelte, anche se il progresso sembra graduale. Nel tempo, questi sforzi coerenti produrranno risultati significativi.

Attingi alla tua forza interiore:

Costruire abitudini migliori richiede resilienza e forza interiore. Credi nella tua capacità di superare le sfide, imparare dalle battute d'arresto e perseverare di fronte alle avversità. La tua forza è una risorsa preziosa in questo viaggio.

Visualizza il tuo successo:

Immagina i risultati positivi dei tuoi sforzi di costruzione di abitudini. Visualizza la persona che vuoi diventare e la vita che vuoi condurre. Questa immagine mentale può servire da motivazione e un promemoria dei tuoi obiettivi.

Cerca supporto e condividi il tuo viaggio:

Condividi i tuoi obiettivi di costruzione di abitudini con amici, familiari o mentori di supporto. Avere una rete di incoraggiamento può fornire motivazione, guida e responsabilità. Non sei solo in questo viaggio.

Rifletti e regola:

Rifletti regolarmente sui tuoi progressi e regola le tue abitudini secondo necessità. Sii aperto all'apprendimento dalle tue esperienze e non aver paura di perfezionare il tuo approccio. La flessibilità e l'adattabilità sono fondamentali per il successo a lungo termine.

Goditi il processo:

Costruire abitudini migliori non significa solo raggiungere la destinazione; Si tratta di godere del processo di auto-miglioramento. Abbraccia i cambiamenti positivi in corso nella tua vita e trova gioia nel viaggio.

Ti meriti un futuro migliore:

Ricorda che meriti un futuro pieno di appagamento, successo e benessere. Investendo in abitudini positive, stai modellando attivamente una versione più luminosa e più autorizzata di te stesso.

Mentre intraprendi il tuo viaggio di costruzione dell'abitudine, tieni presente che ogni sforzo, non importa quanto piccolo, contribuisce alla tua crescita e successo. Credi in te stesso, rimani impegnato nei tuoi obiettivi e abbraccia il potere trasformativo delle abitudini intenzionali. Il tuo viaggio è un'opportunità costante per la scoperta di sé, un cambiamento positivo e una vita ben vissuta.

Buona fortuna per il tuo entusiasmante percorso da percorrere!

In conclusione, il viaggio verso il successo e la trasformazione personale è spesso contrassegnato dalla costruzione intenzionale, dalla resilienza e da una mentalità orientata alla crescita. Le lezioni apprese da varie storie di successo sottolineano l'importanza della coerenza, l'avvio di piccoli e il mantenimento dell'adattabilità di fronte alle incertezze della vita. Cleant, adattabilità e capacità di apprendere dalle battute d'arresto sono componenti cruciali della costruzione di abitudini di successo.

Le storie di successo sottolineano anche il significato della mentalità, sottolineando il potere della positività, l'autoriflessione e un continuo impegno per l'apprendimento. Costruire un forte sistema di supporto, rimanere responsabili e celebrare piccole vittorie contribuiscono alla sostenibilità delle abitudini positive. L'equilibrio tra vita personale e professionale, insieme a un focus sul benessere, sottolinea che il successo non è definito esclusivamente da risultati esterni ma anche da un approccio olistico alla vita.

Il takeaway chiave è che il successo è un viaggio dinamico e individualizzato e non esiste una formula unica per tutti. Tuttavia, emergono temi comuni, illustrando il potere trasformativo delle abitudini intenzionali e una mentalità resiliente. Incorporando queste lezioni nella nostra vita, possiamo navigare nelle sfide, superare le battute d'arresto e ottenere un successo personale e professionale. Alla fine, il processo di costruzione dell'abitudine è uno sforzo permanente e il viaggio stesso è importante quanto la destinazione.

C. Pensieri finali sul processo per tutta la vita di costruzione di migliori abitudini per un successo prolungato

Il processo permanente di costruzione di migliori abitudini per un successo prolungato è un viaggio caratterizzato da scoperta di sé, resilienza e crescita continua. Mentre ti imbarchi su questo percorso trasformativo, considera i seguenti pensieri finali:

La trasformazione è continua:

Costruire abitudini migliori non è una destinazione; È un processo continuo ed in evoluzione. Abbraccia l'idea che la crescita personale sia un viaggio per tutta la vita e ogni fase offre nuove opportunità per un cambiamento positivo.

Impara da ogni esperienza:

Ogni esperienza, che sia un successo o una battuta d'arresto, offre lezioni preziose. Usa le sfide come trampolini di lancio per la crescita e celebra i successi come pietre miliari nel tuo viaggio. L'apprendimento da ogni esperienza migliora la tua saggezza e resilienza.

L'adattabilità è una superpotenza:

Coltivare la superpotenza dell'adattabilità. La vita è dinamica e le circostanze cambiano. Essere adattabili ti consente di adattare le tue abitudini, obiettivi e strategie per allinearsi con la natura in evoluzione della tua vita.

Festeggia le piccole vittorie:

Il successo prolungato deriva spesso dall'accumulo di piccole vittorie. Celebra i progressi che fai lungo la strada, non importa quanto incrementali. Riconoscere i tuoi risultati alimenta la motivazione e rafforza il comportamento positivo.

Concentrati sul benessere:

Il successo è olistico e include il benessere fisico, mentale ed emotivo. Dai la priorità alla cura di sé, mantieni un sano equilibrio tra lavoro e vita privata e nutri tutti gli aspetti della tua vita per garantire un successo e l'adempimento prolungati.

Goditi il viaggio:

Trova gioia nel processo di costruzione di abitudini migliori. Il viaggio stesso è ricco di esperienze, opportunità e momenti di auto-scoperta. Apprezzo il presente mentre lavori per i tuoi obiettivi futuri.

Cerca un miglioramento continuo:

La ricerca del miglioramento continuo è al centro della costruzione di abitudini migliori. Valuta regolarmente le tue abitudini, fissa nuovi obiettivi e cerca modi per migliorare la tua vita personale e professionale. L'impegno per la crescita garantisce un successo sostenuto.

Ridefinire il successo alle tue condizioni:

Il successo è un concetto profondamente personale. Prenditi il tempo per definire cosa significa per te il successo. Lascia che i tuoi valori, passioni e aspirazioni guidino il tuo viaggio e non abbiate paura di ridefinire il successo mentre ti evolvi.

Circondati di positività:

Coltivare un ambiente positivo e circondarti di influenze di supporto. Condividi il tuo viaggio con coloro che ti incoraggiano e ti incoraggiano. Un sistema di supporto positivo contribuisce in modo significativo al tuo successo in corso.

Rifletti regolarmente:

L'autoriflessione regolare è un'abitudine potente in sé. Prenditi del tempo per riflettere sui tuoi obiettivi, abitudini e benessere generale. Valuta ciò che funziona, ciò che richiede un adattamento e celebra la tua evoluzione personale e professionale.

Sii gentile con te stesso:

Costruire abitudini migliori comporta progressi, non la perfezione. Sii gentile e compassionevole con te stesso in questo viaggio. Comprendi che le battute d'arresto sono naturali e offrono opportunità di crescita e resilienza.

Abbraccia il cambiamento con l'apertura:

L'unica costante nella vita è il cambiamento. Abbraccia il cambiamento con l'apertura e una mentalità di crescita. La tua capacità di adattarsi a nuove circostanze e coltivare abitudini positive in risposta al cambiamento è un fattore chiave per il successo sostenuto.

Ricorda, costruire abitudini migliori non è uno sforzo una tantum, ma un impegno per tutta la vita per diventare la migliore versione di te stesso. Con ogni scelta intenzionale, stai realizzando un futuro pieno di successo, benessere e realizzazione. Abbraccia il viaggio, resta impegnato nei tuoi obiettivi e divertiti con l'impatto positivo che le tue abitudini hanno sulla tua vita e sulla vita di coloro che ti circondano. La ricerca permanente della costruzione di abitudini migliori è uno sforzo potente e gratificante.